EM ALGUM
LUGAR NO TEMPO

© 2023 por Angela Molognoni
©Image by Freepik

Coordenadora editorial: Tânia Lins
Coordenador de comunicação: Marcio Lipari
Capa, diagramação e projeto gráfico: Equipe Vida & Consciência
Preparação: Janaina Calaça
Revisão: Equipe Vida & Consciência

1ª edição — 1ª impressão
2.000 exemplares — janeiro 2023
Tiragem total: 2.000 exemplares

CIP-BRASIL — CATALOGAÇÃO NA PUBLICAÇÃO
(SINDICATO NACIONAL DOS EDITORES DE LIVROS, RJ)

M741e

Molognoni, Angela
    Em algum lugar no tempo / Angela Molognoni. - 1. ed. - São
Paulo : Vida & Consciência, 2023.
    192 p. ; 23 cm.

    ISBN 978-65-88599-65-5

    1. Romance brasileiro. I. Título.

22-80724   CDD: 869.3
                                                     CDU: 82-31(81)

Todos os direitos reservados. Nenhuma parte desta edição pode ser
utilizada ou reproduzida, por qualquer forma ou meio, seja ele mecâ-
nico ou eletrônico, fotocópia, gravação etc., tampouco apropriada ou
estocada em sistema de banco de dados, sem a expressa autorização
da editora (Lei nº 5.988, de 14/12/1973).

Este livro adota as regras do novo acordo ortográfico (2009).

Vida & Consciência Editora e Distribuidora Ltda.
Rua das Oiticicas, 75 – Parque Jabaquara – São Paulo – SP – Brasil
CEP 04346-090
editora@vidaeconsciencia.com.br
www.vidaeconsciencia.com.br

EM ALGUM LUGAR NO TEMPO

ANGELA MOLOGNONI

Teremos que voltar
novamente várias vezes,
até conseguirmos,
por fim, compreender
nosso propósito.

SUMÁRIO

1. A Casa de Pedra 9

2. O relógio de Praga 31

3. A Caverna do Diabo 53

4. O porto de Cádis 63

5. O protesto 73

6. O mercado de Dresden 95

7. A garota com o cabelo rosa 105

8. Ecos no tempo 127

9. O sobrado na Rua Atlântica 141

10. A noite sem fim 151

11. Labirintos 161

12. (Re)começos 175

1.

A CASA
DE PEDRA

Estou na chuva, com frio, com medo. Meus pés afundam na lama pegajosa, escura. É noite, o céu de tempestade é iluminado por raios e são eles que nos guiam entre as lápides enegrecidas pelo tempo. Tento me equilibrar, não escorregar. Ele segura forte minha mão, enquanto a outra carrega a espada. Sei que está ferido. O sangue pinga a cada passo na terra molhada. Ainda assim, sua mão é segura, forte. Tiro uma mecha de cabelo que está grudada em meu rosto e escorrego, caindo ruidosamente no chão. Sinto a mão dele se fechar em meu braço e me levantar e busco a segurança de seu abraço, pois estou muito assustada. Um raio cai violentamente em uma árvore próxima, e faíscas começam um incêndio. Ele ainda tem o braço em volta de meus ombros. Estou tremendo. Ele me olha por um tempo e beija minha testa. E, naquele momento, descubro que ele também está com medo.

Quando Camila emergiu da sessão, sentiu-se nauseada e exausta. Ainda sentia frio, as roupas encharcadas e os pés gelados após a corrida pelo cemitério antigo, cheio de lápides de pedras, onde nomes estranhos estavam entalhados. Enquanto estava lá, podia lê-los, mas agora já não os compreendia. As letras não eram familiares. Esfregou os braços, tentando aquecer-se.

— Quer um chá? Parece estar com frio.

Ela sorriu, agradecida. Ivete foi até o aparador, ligou a cafeteira e posicionou a xícara para pegar um pouco de água quente. Mergulhou um saquinho de chá de camomila.

— Açúcar?

— Sim, por favor.

Entregou a xícara fumegante a Camila, que aspirou o aroma, soltando o ar com prazer. Cada centímetro dela estava gelado, como se ainda estivesse naquele lugar. Tomou um pouco do líquido, sentindo-se pouco a pouco mais como ela era e não como aquela garota. Tinha lembranças vívidas e outras nebulosas. Custava-lhe um pouco recordar os detalhes.

— Não consigo saber ainda por que corria naquele cemitério... por que estávamos fugindo. Lembro-me do medo, de um terror tão grande que quase me paralisava. Se não fosse pela mão dele, acho que não conseguiria correr. Eu disse algo sobre o motivo de estarmos fugindo?

— Você descreveu exatamente a mesma cena da semana passada. Falou sobre a fuga em meio à tempestade, os raios e que Milan a guiava para longe do perigo, mas ele também tinha medo. Que o cemitério era antigo e que você não conseguia ler as lápides.

Camila ficou um tempo segurando a xícara, mas ainda sentia a pele de Milan na sua. Ainda via o rosto pálido e preocupado, os cabelos molhados e escuros e o meio-sorriso que ele deu, quando a beijou na testa. Mesmo agora, era muito forte o que sentia por ele. Saber que Milan não estava ali naquele momento era sufocante.

— Não sei por que estávamos fugindo, mas sei que meu maior medo era perdê-lo. Tinha tanto medo. Era como se tivesse um punhal em meu peito. Fico imaginando... com uma ligação tão forte, não seria natural que nos encontrássemos de novo? Quer dizer, por que eu e Milan não nos cruzamos nesta vida?

A terapeuta sorriu delicadamente. Já haviam discutido sobre isso e que não havia uma resposta para aquela pergunta. Camila sorveu mais um pouco do chá, sentindo o frio ir embora. O ombro voltou a latejar, como sempre. Deixou a xícara na mesa de centro e ergueu o braço esquerdo, pressionando com a mão direita o ponto exato da dor.

— Sente que a dor melhorou ou piorou?

Ela deu de ombros, levantando-se.

— Nem mais nem menos. Mas meu problema são os pesadelos e as fobias, como já sabe.

— Sim, claro... Mas tenho certeza de que essa "dor fantasma" que a incomoda a vida inteira também esteja ligada ao seu passado. Quando você está lá, a sente também?

Camila ponderou por um momento.

— Não, não sinto. Engraçado, não tinha reparado. Mas também sou muito jovem lá. Quase uma menina.

A terapeuta tomou nota e levantou-se também para se despedir.

A sensação do vento batendo no rosto era revigorante. A Estrada Velha de Santos era um dos melhores lugares para pedalar. As árvores que ladeavam a rodovia tornavam-na convidativa e o objetivo final era uma parada na bela construção conhecida como Casa de Pedra, datada do início do século XX. Muitas histórias cercavam o local, quase todas elas inventadas pelo povo a fim de dar-lhe uma aura mais misteriosa do que era de fato. No fim das contas, era apenas um bom lugar para ver o mar do alto da serra, uma visão panorâmica e bela de toda a região.

À frente, a Estrada Velha tinha o tráfego para veículos interrompido. Na teoria, ninguém poderia passar após o bloqueio, mas ciclistas, pedestres e até mesmo os motociclistas aventuravam-se com muita frequência pelo caminho que já tinha visto dias melhores. Falhas no asfalto antigo espalhavam-se por toda a extensão, assim como galhos de árvores, carcaças de animais e lixo.

Pedalou por mais alguns quilômetros e chegou à Casa de Pedra. Os belos mosaicos de azulejos portugueses passaram por anos de vandalização, mas alguns resistiam teimosamente ao tempo e às pessoas.

Apoiou a bicicleta na lateral da casa, buscando sua garrafa de água. Sorveu um grande gole e sentiu o líquido fresco aliviar a garganta. Despejou um pouco da água na testa e na nuca. O ar ali era abafado, morno. Um pássaro grasnou em uma árvore bem acima, dando-lhe um susto. Galgou os degraus e debruçou-se no muro que protegia a construção, descortinando a vista para o mar. Apesar do dia bonito, não havia outras pessoas disputando um lugar para tirar fotos, o que era bem atípico. Ficou feliz em ter um momento sozinha.

Desceu a escadaria de pedra e andou devagar pela rodovia abandonada. Encheu os pulmões de ar, esticou os braços, flexionando os músculos. A Casa de Pedra ficou para trás após uma curva, e apenas a mata fazia parte da vista agora. O asfalto ficava ainda mais irregular a cada metro percorrido. À frente, uma grande cratera engolia metade da estrada. Foi até a beira do barranco, com cuidado para não escorregar na lama. Havia marcas de pneus de bicicleta que haviam sido parcialmente desfeitas pela chuva.

Um barulho chamou sua atenção. Não era o som de pessoas conversando ou passos pelo asfalto. Também não era de bicicletas chegando. Era como se algo se movesse no abismo logo à frente, rastejando pela mata e quebrando galhos. Algo definitivamente pesado. Depois, silêncio. Sentiu o coração acelerar. O som do rastejar ficou mais forte e logo algo rolou por alguns metros. Então, uma voz. Soltou a respiração, afinal. Era alguém tentando sair do abismo.

— Olá! Tem alguém aí embaixo?

Tudo o que ouviu foi um grunhido. Olhou com atenção para baixo, tentando não escorregar na ponta da cratera. Havia uma pequena elevação na montanha e, entre as árvores, algo pareceu se mover. Identificou uma blusa vermelha com linhas brancas. Chamou mais uma vez e ouviu uma resposta baixa.

— Eu caí! Estou machucado. Acho que quebrei o braço. Me ajude!

Ele falava com dificuldade. Pegou o celular, mas não havia sinal ali. Pediu que ficasse calmo e disse que iria buscar por ajuda. Foi até a bicicleta e pedalou o mais rápido que podia, embora a ladeira atrasasse seu desempenho. Meia hora depois, chegou à interdição do caminho, suando como nunca, ofegante. Tentou novamente o celular, mas ainda não havia sinal. Seguiu pelo acostamento até o último boteco que funcionava naquela estrada. Teve de recuperar o fôlego antes de explicar. Logo estava ao telefone, falando com a polícia.

Deixou-se cair em uma cadeira por um momento. Logo o socorro viria, mas ele ainda estava lá, sozinho. Levantou-se, ignorando os protestos do próprio corpo. Voltou à bicicleta e deixou a inércia cuidar do movimento, controlando apenas os freios. O vento gelado cortava seu rosto, mas era mais do que bem-vindo. Avistou a Casa de Pedra e dobrou a curva, tomando cuidado quando se aproximou da cratera. Abandonou a bicicleta no meio da estrada e foi até a beirada do penhasco, gritando a pleno pulmões. Nada.

— Ei! Responda! Chamei ajuda. Já estão a caminho!

— Obrigado.

Alívio. Não estava desmaiado. Pensou em como poderia chegar até ele. A borda da cratera estava encharcada de água e a terra cedia assim que pisava. Não era nada seguro e por certo fora assim que ele caíra ali. Perguntou seu nome, apenas para mantê-lo consciente.

— Vinícius.

Sua voz estava muito fraca. Perguntou há quanto tempo estava ali, e ele levou alguns minutos para responder. Um dia, achava. Assobiou baixo. Devia estar desidratado e faminto. Depois de alguns minutos, ouviu ao longe a sirene aproximar-se. Apertou o crucifixo que carregava no pescoço e agradeceu mentalmente. Cada músculo de seu corpo latejava. Os bombeiros desceram do caminhão rapidamente, e deu-se uma verdadeira operação de guerra ali. Cordas, roldanas e até um helicóptero apareceu para ajudar no resgate.

Três horas depois, ele foi retirado do abismo, após passar vinte e seis horas agarrado a galhos de árvores e com o pulso fraturado. Tinha a pele pálida, os olhos com profundas olheiras e um corte feio na testa, acompanhado de um belo hematoma negro. Os cabelos castanhos estavam molhados e sujos, e os lábios arroxeados tremiam de frio. O bombeiro deixou que se aproximasse da maca e apertou a mão direita do rapaz antes que ele entrasse na ambulância.

— Obrigado por salvar minha vida.

Por um instante, ela teve a sensação de que já ouvira aquelas mesmas palavras da boca dele, como um eco no tempo. Ele sorria, apesar de exausto, e isso também acentuou a sensação de que aquela era uma cena que já havia presenciado. Balançou de leve a cabeça, livrando-se da sensação estranha. Sorriu de volta.

— De nada, garoto. Meu nome é Camila.

No dia seguinte, enquanto esperava coar o café, ligou a TV no noticiário da manhã. As imagens mostravam o resgate na Serra do Mar e o repórter, com a voz metálica, explicava que um rapaz de dezenove anos caíra de bicicleta em uma cratera na Estrada Velha de Santos e ficara esperando por socorro por mais de um dia. Apesar de ferido, passava bem e fora liberado do hospital com uma fratura no pulso esquerdo. A reportagem foi rápida e nem sequer citara que ele fora localizado por uma ciclista que estava passando pelo local.

Sorveu um gole de café e ponderou que era melhor assim, pois isso poderia estimular mais pessoas a andar por aquele trecho proibido. Arrepiou-se ao pensar que ela própria poderia ter caído naquele abismo, se houvesse decidido pedalar por mais alguns metros.

Heloísa entrou na cozinha com uma expressão sonolenta, jogando a mochila roxa, repleta de penduricalhos, em uma das cadeiras. Foi até a geladeira, pegou o leite e despejou em um copo, juntamente com duas colheres bem servidas de achocolatado.

— Coma uma torrada também.

A garota balançou a cabeça afirmativamente, mas Camila desconfiou de que o sono impedira a filha de assimilar a informação. A mãe deixou a xícara na pia e chamou por Pedro. Nada. Suspirou profundamente, contendo a irritação. Subiu as escadas e gritou por ele quando chegou ao último degrau. O filho resmungou algo no quarto, mas não se levantou.

— Pedro! Já está atrasado! Levante agora ou tiro você daí debaixo de chinelada!

O rapaz levantou-se bocejando e sorrindo, divertido. Sabia muito bem que as ameaças de apanhar de chinelo eram um artifício que a mãe alardeava havia anos, mas que nunca fora de fato utilizado. Pelo menos não nos últimos dez anos.

Passou por ela, deu-lhe um beijo no rosto e ganhou uma bufada de irritação de volta. Camila desceu as escadas e encontrou a filha já desperta, zapeando os canais da TV.

— Deixe no noticiário. Quero ver a previsão do tempo.

— Pelo amor de Deus, mãe, dá para ver isso no celular. Parece que vive no tempo das cavernas.

Pensou em retrucar, mas a filha tinha razão. Sentia-se uma velha e mal tinha completado trinta e três anos. Havia um abismo entre ela e os filhos, embora os gêmeos tivessem apenas dezesseis anos. Era inevitável pensar que não conseguia acompanhar essa nova geração, afinal, tudo mudava tão rápido... Pegou o celular e viu uma mensagem de Danilo. Definitivamente, era a última pessoa com quem gostaria de falar naquele dia. Abriu o aplicativo de mensagens e leu as palavras secas e diretas dele, dizendo que não poderia pegar os filhos no fim de semana, pois estaria viajando a trabalho. Digitou rapidamente um "OK". Ainda não acreditava que a utilizava como garota de recado. Eles poderiam muito bem receber uma mensagem do pai, dizendo exatamente a mesma coisa. Bufou, frustrada. O divórcio era um exercício hercúleo de paciência.

— Bom dia! Quem quer pão quentinho? Acabou de sair uma fornada na padaria.

Heloísa sorriu para o avô e agarrou o saco de pão. Pedro disputou com a irmã o pãozinho menos tostado, ganhando depois de empurrá-la da cadeira. O avô pôs fim à briga pegando o pão em questão e lambuzando-o de geleia de damasco, o que nenhum dos dois adolescentes gostava.

— Vô, isso não é justo!

— Quer justiça? Vá você até a padaria.

Camila riu, sinceramente agradecida por contar com o bom humor e a sabedoria do pai naquele último ano. Quando seu casamento acabou, voltou à antiga casa paterna com os dois filhos. Embora tivesse ficado com o apartamento, decidira vendê-lo e ainda estudava o que fazer. Talvez comprar uma nova casa. O pai, contudo, a aconselhara a esperar. No fundo, sabia que o velho ficara muito feliz em ter a casa cheia novamente. Desde que perdeu a esposa há dez anos, vivia triste. Com os netos ali, parecia revigorado.

— Soube mais alguma coisa sobre o rapazinho que socorreu? Ele está bem?

— Na verdade, só sei o que passou há pouco na TV. Que quebrou o pulso, mas está bem. Na hora, não me disseram o nome completo nem nada. Vamos, meninos?

Pegou as chaves do carro, balançando para que os filhos assimilassem que era hora de ir. Eles seguiram-na desanimados, como sempre, mas logo estavam tagarelando sem parar. O feriado fora prolongado, e eles voltariam para a escola naquela segunda-feira ensolarada depois de passarem uns dias com os tios no interior.

O irmão de Danilo era um sujeito "gente boa", com um coração enorme e sempre disposto a receber os sobrinhos nos fins de semana e nas férias. Tinha uma pousada na cidade de Eldorado, onde ficava a famosa entrada para a Caverna do Diabo, a maior em extensão do Estado de São Paulo. Era um ótimo lugar para aproveitar a natureza, e os gêmeos adoravam passar uns dias lá sempre que podiam.

Camila ainda se recriminava por ter escolhido Danilo entre os dois irmãos, naquela longínqua quermesse, quando tinha apenas quatorze anos. Tanto Daniel quanto o ex-marido quiseram roubar-lhe um beijo — o primeiro beijo, aliás —, mas fora Danilo que ganhara a disputa por sua atenção. Se soubesse de seu temperamento naquela época, teria ficado com o irmão mais gordinho. "Bem feito! Apostei na beleza e me ferrei", pensou.

Estacionou o carro, e os gêmeos pularam do veículo assim que parou, correndo para o portão principal. Era uma vergonha serem vistos perto dela. Galgou os degraus até a secretaria, cumprimentando Tânia, que digitava ferozmente em seu computador, os óculos com lentes fundo de garrafa pesando em seu rosto fino.

— Não me diga que já tem um aluno me esperando? A segunda-feira nem começou.

Tânia nem sequer tirou os olhos da tela.

— Claro que tem. Não seria segunda-feira sem um abacaxi para descascar. Esse aí veio transferido de outro colégio. "Comportamento inadequado", diz a ficha. Divirta-se tentando ditar regras para esse anjo.

Era de praxe que todos os novos alunos passassem pela orientação com a psicopedagoga, para que se sentissem acolhidos no novo ambiente. Na prática, o colégio delegava a Camila a missão de avaliar quais eram alunos problemáticos e o que poderiam fazer para melhorar a adaptação, encaminhar para tratamento com profissionais capacitados e acompanhamento junto à família. Suspirou fundo, girou a maçaneta e abriu seu mais simpático sorriso, que morreu em uma expressão de surpresa. Ficou paralisada por alguns segundos.

Ele levantou os olhos castanhos e, por um momento, tentou lembrar-se de onde também a conhecia. Então, também ficou mudo com a surpresa. Os cabelos estavam desalinhados e um grande curativo ocupava metade de sua testa. O queixo tinha alguns arranhões e o antebraço esquerdo estava engessado. Os cotovelos estavam ralados e arroxeados. Ele sorriu. Aquele mesmo sorriso tranquilo que lhe oferecera quando estava sendo levado pelos bombeiros. E, de novo, a sensação de que aquele sorriso a acompanhava havia muito tempo.

— Bom dia, Camila.

Ela soltou a maçaneta e riu, colocando sua bolsa e as pastas que carregava na mesa. Virou-se para ele, estudando o rosto do garoto. "Comportamento inadequado", dizia sua ficha. Impossível perceber isso por suas feições, pela voz calma e pelos gestos seguros. Mas ter caído em um barranco e quase morrer também dizia que aquele era um garoto disposto a arriscar o pescoço.

— Ora! Bom dia, Vinícius. Quem diria que iria vê-lo de novo? Por favor, sente-se. — Soltou a mão do rapaz depois de cumprimentá-lo, não sem antes experimentar uma estranha sensação de eletricidade ao toque de sua pele. Ele voltou para a cadeira, e Camila ocupou a dela, inesperadamente feliz por ter a mesa entre eles. — Nem tive a oportunidade de saber mais sobre seu estado de saúde. Gostaria de ter lhe feito uma visita.

Seu sorriso alargou-se, revelando dentes perfeitos. Tinha aquele charme fácil, que cativava quem estava à sua volta.

— Fui para o pronto-socorro e fiquei um dia em observação. Como só tinha essa fratura — ergueu o gesso — e estava desidratado, fui liberado no dia seguinte. Mas também não tive a oportunidade de lhe dizer obrigado.

— Você disse, sim. Mas de nada, de novo.

Ficaram sorrindo um para o outro, até que Camila percebeu que aquele não era um lugar para conversas pessoais. Olhou para a ficha diante de si, que Tânia deixara em sua mesa, e pediu alguns minutos para lê-la. Vinícius apoiou-se no encosto, estudando o rosto de Camila, que se sentia inquieta com ele ali.

— Vejo aqui que vem do Colégio Dom Bosco. Estudou lá por muitos anos?

Ele deu de ombros, olhando rapidamente para os pés metidos em All Stars vermelhos e esfolados.

— Não. Fiquei dois anos por lá.

— Hummm... sua família se mudou? Por que tão pouco tempo?

— Minha mãe se casou com um cara, e, desde então, temos nos mudado bastante. Por isso troquei de escola pelo menos três vezes nos últimos tempos.

— Você acabou sendo reprovado dois anos seguidos no ensino médio. Curioso, já que suas notas eram muito boas. Perfeitas, na verdade. Foi por faltas?

Ele fez que sim com a cabeça, mas não comentou. Camila voltou ao histórico escolar.

— Essa mudança de escola não tem nada a ver com uma nova casa, correto?

Ele sorriu, sabendo exatamente aonde ela queria chegar.

— Não tem. Eu arrumei um pouco de confusão para ser sincero. Nada grave.

— Defina "grave".

Ele riu.

— Discussões. Uma discussão na saída. Nada de mais.

— O que aconteceu? Pode me dizer?

Aquela calma aparente foi ficando para trás. Vinícius endireitou-se na cadeira e seu rosto mudou de expressão. Parecia... concentrado.

— Uma briga. Só isso.

Ele não queria falar. Vasculhou rapidamente o relatório do antigo colégio e não havia menção sobre o motivo da briga à porta da escola, apenas que ele não fora ferido, enquanto o outro aluno parara no hospital com várias escoriações. Foi feito boletim de ocorrência, mas a queixa foi retirada alguns dias depois. Desconfiou que a família de Vinícius subornara a outra para que o processo fosse encerrado. Mas, se quisesse a verdade, não encontraria ali. O rapaz tinha os olhos baixos, esfregava os dedos devagar, não nervosa, mas pacientemente, como se esperasse o fim de um interrogatório.

— Olhe, Vinícius... não sei o que o levou a agir assim no antigo colégio, mas, provavelmente, pensa que a razão está ao seu lado. Saiba que comportamentos assim não são tolerados neste colégio. Não importa se acha que está com a razão. Violência não é uma opção. Se tiver um problema, qualquer problema, venha até aqui e me fale. Resolveremos isso juntos, OK?

Ele sorriu, visivelmente duvidando de cada palavra de Camila. Seus olhos castanhos não tinham qualquer hostilidade.

— Sim, senhora.

Ela apoiou as costas no encosto da cadeira, estudando-o.

— Vai me dar trabalho, não é?

Ele sorriu ainda mais.

— Claro que não. Sou pacífico.

— Ótimo. Que continue assim. Agora pode ir até sua sala. Boa sorte.

Ele piscou para ela, ajeitou a mochila surrada e encardida, saindo em seguida. Suspirou, quando viu que Vinícius estaria na sala do filho, que estudava no terceiro ano do ensino médio. E, até onde sabia, Pedro adoraria conhecê-lo.

Dito e feito! Pedro logo adotou o novo aluno como seu novo melhor amigo. A amizade foi mútua, uma afinidade difícil de explicar. Eram bem parecidos, na verdade, e tinham o mesmo gosto por músicas, filmes e uma história familiar similar. Pais divorciados, mudanças de casa, adaptação difícil. A diferença era que Vinícius não se dava bem com o padrasto. Camila acostumara-se a vê-los pelos corredores da escola e em casa, quando faziam trabalhos escolares. Ao contrário do que previra, Vinícius não se metera em nenhuma confusão e era descrito como tranquilo e inteligente pelos professores. A certa altura, deixou de se preocupar, engolida pelos problemas cotidianos. Danilo mostrava-se mais ausente do que nunca, esquivando-se de ver os filhos em seus fins de semana e sempre inventando desculpas. Sentia-se exausta por tentar esconder isso dos gêmeos e planejava ter uma conversa franca com o ex-marido.

— Eu não sei por que seu pai não vem. Ligue e pergunte.

A explosão veio em má hora. Havia meia dúzia de colegas de escola de Pedro espalhados em volta da mesa de jantar, com cadernos e livros abertos, todos os olhares fixos em seu rosto. O filho havia lhe perguntado se poderiam estudar no fim de semana no apartamento do pai e, diante da notícia de que Danilo desmarcara mais uma vez, fechou a cara e começou a resmungar. Os adolescentes olharam para os lados, constrangidos, mas notou que Vinícius permanecera com os olhos cravados em seu rosto, com uma expressão séria. Heloísa pousou a mão no braço do irmão e pediu que ele parasse de resmungar. A verdade era que o menino ainda culpava a mãe pelo fim do casamento. Desde que Camila decidiu se separar, o ex-marido mudou completamente com os filhos. Heloísa, talvez por ser mais madura ou por enxergar mais longe que o irmão, não se rebelou contra a decisão da mãe.

— Pedro, a culpa não é da mãe. Em vez de encher o saco dela, vá cobrar o pai. É com ele que você deveria ficar magoado. Mas agora vamos ao que interessa, não é? Temos um trabalho para fazer.

Era difícil para Camila acompanhar esse diálogo. Seus filhos sempre foram apegados ao pai, apesar de Danilo nunca ter se esforçado muito para ser o melhor marido e pai do mundo. Nunca trocara uma fralda nem ajudava nas tarefas de casa. Tentara, por muitos anos, se convencer de que, como eram muito jovens quando tiveram os bebês, ele não conseguira assimilar tantas responsabilidades. Mas, com o tempo, a falta de interesse em dividir tarefas e o machismo que demonstrava minaram a relação. Depois de quinze anos de casamento, finalmente pôs um ponto final. Talvez se tivesse havido uma traição ou algo mais dramático, os filhos tivessem reagido melhor — ou com menos surpresa e negação. Era um "trabalho de formiguinha" tentar reconquistar sua independência e a confiança deles. Vinícius continuava olhando para ela, mas agora havia algo diferente em sua expressão. Parecia curioso. Camila decidiu refugiar-se na cozinha.

— Pedro não deveria te cobrar.

Camila levou um susto quando ouviu a voz de Vinícius. Estava lavando a louça e virou-se, o sabão escorrendo pelo braço. Ele estava apoiado no balcão de granito, com seus jeans surrados e uma camisa de flanela xadrez, em cima de uma camiseta de banda de rock preta. Os cabelos estavam bagunçados, parecendo que acabara de se levantar. Sentiu um arrepio estranho pelo corpo, uma sensação inquietante.

— Não precisa se preocupar com isso, garoto. Família é assunto complicado, não?

Ele sorriu.

— Sim. Eu que o diga.

Camila fechou a torneira, voltando-se para Vinícius, enquanto enxugava as mãos em um pano de prato.

— Pedro me contou que você não se dá com seu padrasto. Por isso passa tanto tempo aqui?

Ele endireitou-se, e seu rosto ficou levemente ruborizado.

— Desculpe se estou incomodando, mas me sinto bem aqui. Você é muito legal e o vô Dário é um barato.

— Não está me incomodando em nada, Vinícius. Pode ficar quanto tempo quiser. Só fico pensando se sua família não está sentindo sua falta.

Vinícius sorriu, mas foi de uma maneira triste.

— Não sente, não.

Camila conhecia muito bem adolescentes para saber quando parar ou insistir numa conversa. A negativa enfática foi o sinal para parar de perguntar — pelo menos naquele momento. Vinícius voltou para a sala de jantar, e Camila ficou parada na cozinha, pensando no que ele falara. Talvez fosse bom parar de se cobrar um pouco.

Chamas por toda a parte. Na água, os pedaços de madeira queimada flutuam. O ar está pesado de fumaça, e é

difícil respirar. A dor no ombro esquerdo é lancinante, com o ferimento à bala que atravessara a carne. Estou na praia, com os pés afundados na areia granulosa, a água fria trazendo os destroços dos navios. Ouço os gritos vindos do mar e da cidade atrás das muralhas. Estou chorando, tanto pela dor, quanto por Tiago. Não sei onde ele está, se em um dos navios que ardem no mar ou nas ruas da cidade tomada pelos saqueadores. Sinto uma tontura e caio na areia, sujando meu vestido de noiva, que passei tantas horas bordando. As flores amarelas da saia ficam cobertas pela fuligem e pela areia molhada. Ergo os olhos e vejo alguém se aproximando. Um par de botas escuras e uma espada coberta de sangue. Nesse momento, tudo vira escuridão.

Camila emergiu do transe e sentiu a dor no ombro de forma quase insuportável. Ivete levou-lhe um copo de água, sinceramente preocupada. As sessões de regressão dela sempre foram intensas e cheias de detalhes — fascinantes, ela tinha de admitir —, mas aquela parecia ter sido diferente. Finalmente, Camila acessara uma memória nova, um fragmento de um passado do qual ainda não tinha conhecimento.

— Obrigada. Nossa, o que foi isso? Não sei o que aconteceu. De repente, eu estava à beira-mar, com navios em chamas e uma guerra acontecendo às minhas costas. E a dor, meu Deus! Ainda sinto o tiro no meu ombro!

Ivete pediu que Camila se acalmasse e respirasse fundo. A sensação iria passar e a dor também.

— Só precisamos investigar mais o que aconteceu, para que você consiga se livrar desse incômodo.

Camila ficou em silêncio por um momento. Quando procurou a terapia de regressão, achou que estivesse enlouquecendo. Não acreditava em vidas passadas, mas já tentara a terapia convencional durante dez anos sem resultado para afastá-la de seus principais medos. A psicologia ajudou-a a encarar seu relacionamento e outras questões pessoais, mas não conseguira curar sua fobia de lugares fechados e tempestades nem os pesadelos recorrentes com incêndios e guerras. Somente depois de Camila começar suas sessões, Ivete aventou a possibilidade de que a dor misteriosa no ombro de Camila pudesse ser um trauma do passado, dado o fato de que nenhum exame conseguira constatar uma origem física.

— Está melhor?

— Sim, um pouco. — Camila olhou para o relógio de pulso e deu um salto do divã. — Tenho de ir. Vou buscar os meninos. Vamos passar o fim de semana na pousada do tio deles.

Durante todo o trajeto, Camila sentiu que a dor no ombro ia e voltava. Estava tão acostumada a ela que quase não a percebia no dia a dia, mas essa sensação de quase ausência de dor era nova e surpreendente. Girou o braço e apertou o ponto que mais a incomodava, onde havia uma marca de nascença muito sutil, e nada. Estacionou o carro e entrou na casa com um sorriso de orelha a orelha, sem se lembrar das cenas aterrorizantes que vivera uma hora atrás.

— Tudo pronto?

Heloísa fez um sinal positivo sem levantar os olhos do celular, e Pedro gritou que estava terminando lá do andar de cima.

— Yasmim disse que está saindo de casa agora. Deve chegar em dez minutos. Pedro, Vinícius deu sinal de vida?

— Já tá chegando. Acabou de me mandar uma mensagem.

Ouviram o barulho de um carro estacionando e vozes baixas. Depois a campainha tocou, e Camila foi abrir o portão. Vinícius estava com uma expressão séria e uma mochila nas costas, olhando para o carro que sumia na curva da esquina.

— Tudo bem, garoto?

Ele virou-se, limpando uma lágrima que escorria no canto esquerdo do olho.

— Tudo sim. De boa, foi só uma discussão boba.

Ela olhou-o por um tempo, enquanto ele chutava algumas pedrinhas na calçada, envergonhado.

— Vinícius, se algo estiver errado, qualquer coisa, pode me contar. Vou te ajudar no que puder, OK?

Ele sorriu, timidamente.

— Já está ajudando. Só de sair de casa neste fim de semana, vai ser muito bom. Obrigado.

Camila enlaçou o ombro do rapaz e levou-o para dentro. Aquele garoto era diferente de todos que conhecia. Sentia um instinto de proteção para com ele, uma cumplicidade que era muito estranha. Nem mesmo com seu filho era assim. Empurrou-o sala adentro, e ele riu, o som enchendo o ambiente.

— Pronto, só falta uma fedelha para gente cair na estrada. Cadê a Yasmim?

Daniel recebeu-a com um abraço apertado. Fazia mais de um ano que Camila não o via desde que ela se divorciara de Danilo. O cunhado ligou imediatamente quando soube da notícia, colocando-se à disposição para o que precisasse. Até mesmo ofereceu sua casa, caso quisesse se mudar com as crianças. Daniel sempre foi doce, brincalhão. Amava os sobrinhos e adorava tê-los por perto. Foi difícil para ele e a esposa quando souberam que não poderiam ter filhos, o que os tornou ainda mais ligados aos gêmeos.

— Meu irmão continua um babaca, não é? Não sei como aguentou tanto tempo.

— Também não. — Riu Camila, enquanto fazia carinho no imenso vira-lata caramelo Cookie que tinha quase 40 quilos. — Mas pelo menos ele me deu uma família maravilhosa, né? Então estamos quites: ele ficou com o carro e eu com vocês.

Daniel riu alto. Perguntou por que Dário não viajara com eles, e Camila respondeu que o velho andava de namoro com uma vizinha e tinha planos românticos para o fim de semana. Os meninos já estavam levando as mochilas para os quartos, então, foram para a varanda para aproveitar o pôr do sol. A esposa de Daniel, Sara, trouxe uma xícara de café, e os três se sentaram nos bancos de madeira. Era calmo ali. Dava para ouvir os grilos. Vinícius apareceu na porta e perguntou se poderia tomar um pouco de café.

— Claro! Mas pensei que vocês gostassem mais de refrigerante — disse Sara, enchendo uma caneca de café. Vinícius sorriu e sentou-se. Cookie aproximou-se, abanando o rabo e pedindo carinho. Jogou-se aos pés do garoto, mostrando a barriga peluda.

— Minha mãe fala que eu tenho alma de velho, porque gosto de café, bolo de fubá e de ler jornal.

Camila riu, relembrando as palavras de Danilo, ecoando um passado não tão distante. O ex-marido sempre a acusara de ter hábitos de velha, preferindo ficar em casa a sair nos sábados à noite, mesmo quando os filhos já podiam ficar em casa sozinhos. Sorveu mais um gole de café.

— Dá pra ver que você é um velho mesmo, conversando com nós em vez de ficar lá com seus amigos.

Ele mostrou um sorriso divertido, enquanto coçava a barriga de Cookie.

— Sem ofender, mas a amiga da Helô é um pé no saco. Falou a viagem inteira sobre maquiagem e agora está há meia hora discutindo sobre sapatos. Não dá para aguentar.

Camila deu uma risada alta. Yasmim frequentava sua casa desde pequena, e ela já se acostumara com o jeito da garota. Também pescara várias conversas entre a filha e a amiga, que estava apaixonadinha pelo novo amigo de Pedro. Seria bem divertido assistir à menina tentando impressionar Vinícius, enquanto ele fugia dela como o diabo foge da cruz.

Na manhã seguinte, foram para a trilha da Caverna do Diabo, com exceção de Sara, que dispensou o passeio para preparar o almoço. Daniel era o guia, com Cookie sempre à frente, e ia explicando mais sobre a caverna com mais de seis quilômetros de extensão, dos quais somente 600 metros eram liberados para visitação.

— Na verdade, ninguém sabe ao certo a extensão real da caverna, porque não foi toda mapeada ainda. Os pesquisadores estimam que tenha mais de dois milhões de anos.

— Por que a chamam de Caverna do Diabo? — Quis saber Yasmim.

— Os índios achavam que era amaldiçoada e que as estalactites e estalagmites eram pessoas petrificadas. Há também velhas lendas de que os sons da caverna eram gemidos de almas castigadas. Claro que tudo isso não passa de histórias de terror para assustar os mais medrosos.

Após descerem uma longa escadaria e passarem pelo portão de ferro que protegia a entrada da caverna, depararam-se com um grande salão e túneis decorados com formações que lembravam os mais diferentes animais e figuras fantásticas. Daniel apontava para as estalactites e estalagmites nas formas de elefante, rinoceronte, algumas penduradas até 18 metros acima do solo. Todo o interior era banhado pela luz laranja que vinha das lanternas e formava sombras misteriosas nos cantos.

Tiraram muitas fotos, passaram pelas passarelas e escadas construídas para visitação. Depois de duas horas, Daniel deu por encerrado o passeio. Cookie esperava-os do lado de fora da entrada da caverna. O dia, antes ensolarado, agora estava cinzento. As árvores agitavam-se com os ventos, e pingos grossos caíam do céu. Um dos guardas que estava à porta da caverna aconselhou-os a esperar, pois havia risco de raios durante a tempestade. Com uma piscada, permitiu que fizessem um piquenique lá dentro, embora fosse contra as regras. Naquele momento, eram os únicos visitantes e com a chuva era pouco provável que tivessem mais companhia.

Retornaram ao grande salão e estenderam uma toalha no chão, distribuindo os lanches e as garrafinhas de água e suco. A água descia pelas escadarias e infiltrava-se nos vincos do solo, espalhando-se pelas galerias e fazendo um eco ensurdecedor. Os raios lá fora caíam violentos, seguidos por trovões altos o suficiente para fazê-los taparem os ouvidos com as mãos. Camila começou a ofegar. O antigo medo de tempestades voltou com força, e a cor fugiu de seu rosto. Heloísa sentou-se ao seu lado, segurando sua mão e pedindo que se acalmasse. Vinícius olhava-a preocupado.

— Não encana, garoto. Isso é fobia de tempestade. Já vai passar.

Ele acenou, sem tirar os olhos do rosto de Camila e sem perceber que Yasmim se agarrava ao seu braço, também assustada. Cookie, que estava deitado quieto, levantou-se em um salto, rosnando para uma das galerias.

— Volte aqui, Cookie!

O cão disparou galeria adentro, apesar dos chamados de Daniel. Todos se levantaram, preocupados. O guarda que estava na entrada desceu e, junto com Daniel, foi atrás de Cookie, cujos latidos reverberavam naquele lugar, ainda que distantes. Depois de meia hora, a chuva já havia diminuído e os raios pararam de cair. Camila voltou a respirar normalmente, saindo da paralisia que a acometia. Levantou-se, decidida.

— É melhor vocês voltarem para a entrada do parque e pedirem ajuda. Já faz muito tempo que eles entraram na caverna e podem ter se perdido.

— E você, mãe?

— Eu ficarei aqui, para o caso de eles voltarem. A trilha é muito segura e pequena. Em menos de quinze minutos, vocês chegarão à entrada do parque. Vou esperar aqui.

— Eu ficarei com você.

Camila olhou para Vinícius, avaliando-o. Depois, disse que não precisava.

— É melhor Pedro levar as garotas e ficar com elas por lá. Eu fico com você, caso chova de novo.

Seu primeiro impulso era negar, mas o pânico de voltar a chover a fazia não raciocinar direito. Assentiu e dirigiu-se aos outros três jovens:

— Avisem os guardas assim que chegarem. Acho que até lá seu tio aparecerá com Cookie, mas é melhor esperarem na guarita até chegarmos.

Camila viu no rosto das meninas que elas estavam aliviadas em saírem dali. Vinícius foi até a entrada da galeria e chamou Daniel, mas só ouviu seu eco. Dez minutos depois, a tempestade voltou ainda mais forte. Um raio caiu perto das escadas, rachando as tábuas e fazendo os dois se jogarem no chão de susto. Camila arfava, desesperada, em pânico. A água corria com mais força, inundando o chão. Já estava na altura dos tornozelos.

— Temos que encontrar um lugar mais alto. Aqui está muito perigoso!

Vinícius falava com firmeza, estendendo-lhe a mão. Ela aceitou, e os dois foram para a galeria em que Cookie entrou. Passarelas levavam para áreas mais profundas. A água corria com força, subindo rápido. Vinícius pegou o túnel da esquerda e viu que era muito estreito, mas parecia que estavam subindo. Ouviram um latido ao longe. Correram pelo labirinto de túneis, seguindo o som. Depois de um tempo, parecia que os latidos vinham de todas as direções, então, perceberam que estavam perdidos.

2.

O RELÓGIO
DE PRAGA

A chuva caía havia algumas horas, formando poças de lama na praça central e nas alamedas apertadas. Era uma chuva gelada, de pingos grossos. Vez ou outra, a noite era recortada por relâmpagos, formando imagens indistintas entre as nuvens carregadas. A luz das velas espalhadas pelo grande cômodo que lhe servia de casa, no meio da torre do Orloj, era insuficiente para iluminar o ambiente. As sombras lançavam suas garras pelos cantos, debaixo da mesa, perto do fogareiro. O avô roncava no canto oposto, sobre a cama de palha seca. A cada trovão, ele resmungava, voltando para a sinfonia pouco agradável de roncos c suspiros pesados.

Daquela janela era possível ver quase toda a praça central. Uma ou outra fresta de janela deixava escapar luz, mas basicamente todas as casas estavam às escuras. Um raio cruzou o céu, caindo em algum lugar fora das muralhas, onde gritos eram ouvidos, mesmo que abafados pela tempestade e pela distância. Ela encolheu-se no cobertor de lã de ovelha, com diversos remendos, mas que a acompanhava desde seu nascimento. Lá em cima, o relógio acusou duas badaladas. Qualquer outra pessoa poderia ficar incomodada com o barulho intenso que se espalhava pela torre, mas era algo reconfortante para ela. Um som que a acompanhava desde sempre, como se fosse parte de si própria.

Uma sombra agitou-se na base de uma das casas de pedra, na ponta esquerda da praça. Estava longe, e a chuva não permitiu distinguir o que era. Poderia ser um animal abrigando-se da tempestade. A sombra esgueirou-se para os fundos da casa, perdendo-se nas alamedas. Ela aconchegou-se mais no cobertor, mas o frio a manteve acordada, assim como o som dos trovões. Cobriu a cabeça para tentar dormir e estava quase mergulhando no torpor do sono, quando ouviu um pequeno estalo no andar de baixo. Como se a porta pesada dos fundos estivesse sendo aberta.

Abriu os olhos, assustada. O ranger da madeira era baixo, quase imperceptível com o barulho da chuva castigando as paredes da torre. Desvencilhou-se do cobertor e pegou uma das velas. Olhou para o avô e pensou em chamá-lo, mas seu sono era pesado. Demoraria para acordá-lo chacoalhando-o.

Desceu as escadas devagar, ouvindo atentamente cada ruído. O arrastar de botas no chão de terra batida, o arfar pesado de alguém cansado ou muito ferido. Ouviu um baque, como se algo ou alguém tivesse desabado no chão. Seu coração acelerou. Estava com medo, apavorada. Mas, depois de vários minutos de silêncio, obrigou-se a descer as escadas.

A base da torre era usada, basicamente, para estocar lenha, alimentos e ferramentas. Ela praticamente crescera naquele lugar, desde que os pais morreram de febre havia oito anos e o avô a abrigara. Ele fora designado para manter as engrenagens do relógio lubrificadas e funcionando, e isso exigia um trabalho de 24 horas. O Orloj fora construído havia pouco mais de dez anos, e muitos diziam ser uma maravilha da arquitetura — ou o que diabos isso quisesse dizer. No fundo, ainda não passava de uma criança que nunca se aventurara por trás das muralhas da cidade, e todo o seu mundo girava em torno daquele relógio e de seu eterno badalar.

Ergueu a mão sobre a cabeça para melhor iluminar o local. Um rastro de sangue vinha da porta e perdia-se na escuridão dos fundos do cômodo. Sua mão tremia descontrolada. Quis gritar pelo avô, mas sua voz ficou presa na garganta. A curiosidade, no entanto, fê-la seguir em frente, passo a passo, até a luz revelar um par de botas, depois as pernas esticadas e um tronco que arfava levemente. Uma das mãos do homem pendia, inerte, ao longo do corpo, enquanto a outra segurava uma espada coberta de sangue.

O lado esquerdo da cintura do homem tinha uma grande mancha escura na túnica que ficava abaixo da cota de malha, de onde o líquido escarlate pingava e formava uma pequena poça abaixo dele. Levantou mais a tocha e viu o rosto de traços angulosos, com um queixo quadrado e a barba começando a apontar, lábios finos e sobrancelhas grossas e escuras. Os olhos estavam fechados, os cílios longos e escuros estavam úmidos. Os cabelos eram castanhos-escuros e pingavam encharcados. Chutou-o levemente com o pé, mas ele não se moveu.

— Krista!

Ela gritou, assustada, virando-se para trás. O avô, vestido com um camisolão, estava parado no último degrau da escada, com uma vela na mão e os olhos azuis esbugalhados. Dumin atravessou o espaço entre eles mais agilmente do que a menina fosse capaz de imaginar. Agarrou o braço da neta e lançou-a para trás de seu corpo, como forma instintiva de proteção.

— O que é isso?

— Um homem, *dĕdeček*[1].

Ele lançou um olhar reprovador, mas resolveu não discutir. Aproximou a vela do soldado e examinou o rapaz. Não devia ter mais do que vinte anos, mas era forte como um touro. Facilmente, poderia subjugá-lo ou até mesmo... meneou

---

1 Expressão que significa avô, em tcheco.

a cabeça, tentando afastar os pensamentos. Assim como a neta, chutou a bota dele, buscando uma reação. Nada.

— Temos que chamar os guardas e avisá-los sobre esse homem.

— Não!

O avô encarou-a, perplexo.

— Como não? Não sabemos quem ele é! Pode ser perigoso!

— Mas, *dědeček*, ele pode ser um hussita[2] — e disse a última palavra em tom mais baixo, em um quase sussurro.

O avô calou-se, incerto sobre como Krista poderia saber sobre os movimentos políticos que se desenhavam nos últimos tempos. Por certo, ouvira as pessoas comentando, mas ainda sim ficara surpreso.

— O que sabe sobre isso, garota?

— Sei que eles querem vingar a morte de Jan Hus[3].

Dumin estremeceu quando ouviu o nome do líder revolucionário queimado vivo na fogueira e que acendera a fagulha de ódio naquela terra. Ataques dos hussitas e de seus seguidores agora eram relatados com mais frequência do que nunca. Não que as palavras de Hus não o tivessem impressionado. De fato, achava muito sentido nelas. "Qualquer pessoa pode comunicar-se com Deus sem a mediação do clero", ele dizia, mas eram palavras perigosas e tão poderosas que podiam levar o país à guerra nos próximos meses. A presença daquele rapaz ali e sua espada manchada de sangue eram mau agouro.

Imaginou-se alertando a guarda da cidade e Marek invadindo a torre com seus soldados e cavalos de combate, carregados de espadas, cotas de malha e escudos. O chefe da guarda era um homem cruel, com o rosto marcado por cicatrizes

---

2 O termo hussita define um movimento revolucionário que surgiu na Boêmia, no século XV.

3 Jan Hus foi um pensador e reformador religioso tcheco que iniciou um movimento religioso baseado nas ideias de John Wycliffe. Seus seguidores ficaram conhecidos como hussitas.

profundas de muitas batalhas. Seus olhos cinzentos eram tão gelados quanto o inverno; a boca era um traço fino e pálido. Trazia os cabelos ralos cortados rente ao crânio, o pescoço vermelho, envolto em um pano de linho branco, que lhe servia de proteção contra o metal da armadura. Estremeceu. Não era uma presença que queria em seu relógio. Não queria despertar sua atenção, tampouco queria ser enforcado por ajudar um rebelde. Olhou para o rapaz ainda desmaiado.

— Podemos arrastá-lo para fora. Ele está desacordado. Pegue um pé, e eu pegarei o outro.

— Não, *dědeček*! Vão matá-lo!

— Por que se importa com isso, garota? Se o pegam aqui, vão nos matar!

Krista olhou para o rapaz, voltando seus olhos grandes e azuis para o avô, implorando sem dizer nada. Praguejou baixo, tentando pensar rápido. O rapaz agitou-se, tentando acordar, mas voltou à inconsciência. Ela foi até a porta e viu que a chuva encobrira todas as marcas de pegadas e sangue do lado de fora. Fechou-a e pegou uma vassoura, espalhando a terra pelo cômodo, cobrindo também os rastros de sangue que estavam ali. Um relâmpago iluminou a noite, e vozes foram ouvidas. Não era possível distinguir, no entanto, o que diziam...

— Vá buscar uma manta de lã. Pegue também um camisão meu, alguns trapos limpos, água e mel.

Krista subiu as escadas correndo e voltou quando Dumin tentava erguer o tronco do rapaz para apoiar sua cabeça em um monte de palha seca. Ajudou-o, mas o soldado era muito pesado. Decidiram retirar a cota de malha e pareceu-lhes que ele ficara mais leve. A túnica, ensopada de sangue e água, pingava. Dumin tirou-a, revelando o peito com algumas cicatrizes e um corte profundo na cintura. Pegou um dos trapos e molhou-o, limpando o ferimento. O rosto do rapaz contraiu-se, e ele agitou-se, porém, não acordou. Continuou até que estivesse limpo e jogou mel em cima da ferida. Envolveu o corte com panos apertados, certificando-se de que o sangramento estancara. Depois, aplicou outra camada de mel por cima da atadura e vestiu o rapaz com um camisão limpo.

— Não há muito o que podemos fazer agora. Acho melhor descansarmos um pouco. Eu ficarei aqui, para o caso de ele acordar.

Krista quis ficar junto ao avô, mas ele a proibiu. Ninguém sabia o que o homem faria ao acordar. Quando a neta subiu, aconchegou-se no canto oposto, com uma foice na mão. A chuva caía impiedosa lá fora, e os olhos de Dumin começaram a ficar mais pesados. Suspirou, cansado. Seria uma longa noite.

Quando acordou, o sol começava a lançar seus raios sobre a terra molhada. Ouviu um sussurro e olhou para o extremo oposto do cômodo. O rapaz estava acordado e bebia algo que Krista lhe oferecia. Levantou-se, não sem certa dificuldade. Era um velho já. Aprumou a foice, pensando se poderia usá-la contra um soldado treinado. Provavelmente, ela mudaria de mãos antes que tivesse tempo de piscar.

— Krista, para trás.

A menina obedeceu, mas ficou de lado, curiosa. O rapaz enxugou o suor da testa e fez uma careta quando tentou se levantar. Dumin fez um gesto com a mão livre, pedindo que ele ficasse sentado onde estava. Ele pareceu aliviado.

— Meu nome é Milan, senhor. Obrigado por salvar minha vida.

— Você é um hussita, Milan?

Dumin quis impedir Krista de perguntar, mas era tarde demais. Fato era que estava também curioso e preocupado. Milan ficou em silêncio um tempo e tomou mais um gole do chá de calêndula que a menina preparara. Fez uma careta com o amargor, mas tomou o restante de uma vez.

— Luto ao lado de Jan Žižka, sim. Depois que o rei romano passou a atacar a Boêmia para calar os seguidores de

Hus, tudo virou um caos. — Milan ficou em silêncio um tempo, como se tivesse que se esforçar para lembrar-se de tudo o que acontecera para trazê-lo até esse momento. — Vilas inteiras foram queimadas, saqueadas. Minha família... minha esposa e filho estão mortos agora. Foram assassinados enquanto eu trabalhava no campo. Tudo o que me restou foi juntar-me ao exército de Žižka para que esse banho de sangue termine.

Dumin ficou um tempo em silêncio. Fora das muralhas, as notícias sobre lutas eram recorrentes. Já não era um jovem para ser convocado para lutar e, apesar de grande parte da população da cidade ser simpática ao movimento dos hussitas, o controle da guarda era intenso. Tudo aquilo soava como um incêndio, prestes a ficar fora de controle.

Milan sentou-se em um monte de lenha, tentando decidir o que fazer. Krista avançou e pegou a caneca de cerâmica que ele lhe estendera. Estava pálido e mal podia se mexer, mas sorriu quando ela tomou o copo. Krista sentiu o rosto formigar. Era um rapaz muito bonito. Os olhos castanhos eram doces e o tom de sua voz era reconfortante.

— Quantos anos você tem, rapaz?

— Dezenove.

Dumin voltou aos seus pensamentos, incapaz de tomar uma decisão.

— Senhor... sei que está pensando no risco de me manter aqui. Está certo, claro, mas lhe garanto que não ofereço ameaça para o senhor ou para sua família. Houve uma batalha fora dos muros da cidade e fiquei encurralado. O portão estava aberto, e muitos soldados estavam espalhados ao longo da muralha, pelo campo. Em um momento de distração dos guardas, acabei entrando e a chuva me ajudou. Se tivesse corrido pelo campo de batalha, certamente estaria morto.

— Houve luta, então? Nenhum sino tocou.

— Foi um ataque-surpresa para testar a capacidade de defesa da cidade. Aproveitamos a tempestade. Éramos um grupo bem pequeno.

— Então, há um exército marchando para nós?

Milan ficou sério e depois assentiu.

— Um grande exército. Dez mil homens.

Dumin levantou-se, agitado. A cidade começava a acordar, e pouco a pouco os sons característicos de vozes, do cacarejar das galinhas e dos sinos das igrejas enchiam o ar. Logo bateriam à sua porta, e ele não podia deixar Milan tão à vista.

— Consegue andar? Subir as escadarias?

Milan olhou em direção às escadas e comprimiu os lábios, avaliando a dor no flanco esquerdo. Assentiu, tentando erguer-se. Krista adiantou-se, colocando o braço direito dele sobre os ombros dela para que servisse de apoio. O rapaz ficou de pé, não sem fazer uma careta de dor a cada passo. Foi um longo percurso até o pavimento superior, que servia como casa do zelador do Orloj.

Desabou na cama de Dumin, exausto devido ao esforço. Uma mancha escarlate começava a aparecer na atadura. Sentiu-se tonto e agarrou a mão de Krista. A garota ajoelhou-se ao seu lado, apoiando sua cabeça. O suor frio brotava da testa de Milan, e a cor fugiu completamente de seu rosto. Por um momento, Krista achou que ele desmaiaria, mas seus olhos abriram-se, assim como um sorriso tímido.

— Obrigado. Achei que não fosse conseguir.

Krista sorriu de volta, ajeitando uma almofada de lã de carneiro às suas costas.

— Você disse que sua mulher e seu filho morreram. Ele era pequeno?

Os olhos de Milan ficaram mais sérios.

— Sim. Tinha alguns meses. Era apenas um bebê.

— Sinto muito.

Ele olhou para a janela que ficava mais próxima. A lembrança deles ainda era uma ferida aberta. Os cabelos castanhos de Kalina e seu cheiro de flores martelavam em sua memória, assim como o rostinho redondo do filho e seus grandes olhos castanhos, sorrindo para ele. Afastou os pensamentos.

— Toda a minha vila foi trucidada. Mulheres, crianças... todas foram mortas, queimadas em um celeiro. Tudo isso porque a Igreja romana se sente ameaçada quando dizemos que não precisamos de padres e bispos como ponte para Deus. Eles assassinaram milhares de pessoas... simplesmente porque têm medo das palavras de Hus. Eu perdi tudo o que tinha e na verdade nem me importava com essas questões religiosas. Mas agora... eu vi no olho de Žižka. Ele é o herói que vai nos libertar dessa tirania.

Krista sentia o ódio de Milan vibrar e ficou triste por ele. Levou a mão até sua testa e sentiu-a fria, o que era um bom sinal. Pegou mais alguns trapos limpos e o mel. Tirou a atadura já encharcada de sangue e limpou o ferimento. Estava vermelho, mas não havia infecção. Jogou uma camada de mel e enrolou-o novamente bem apertado. Milan recolocou o camisão. Tomou um grande gole de água e limpou a boca com a manga.

— Dumin é seu avô?

Krista fez que sim.

— Onde estão seus pais?

— Mortos. A peste os levou há alguns anos. Vim morar com *dědeček* desde então.

Milan ficou uns instantes em silêncio e fechou os olhos, até que o badalar do relógio o arrancou de seu sono leve.

— Meu Deus, como não enlouquecem com o barulho?

Krista riu, e Milan sorriu de volta. Algo dentro dela se agitou. Então batidas fortes foram ouvidas na porta e uma voz grossa mandando que fosse aberta. Milan inclinou-se para se levantar, e Krista ajudou-o. Subiram mais um lance de escadas até chegarem ao pavimento onde estavam as engrenagens do relógio. A jovem fez um sinal para que ele ficasse em silêncio e desceu as escadas fazendo o menor ruído possível. Conforme avançava, reconheceu a voz do chefe da guarda.

— Parece que um rebelde conseguiu atravessar a muralha ontem à noite, no meio da tempestade. Estamos revistando as casas para encontrá-lo.

Marek estava com o rosto vermelho e o cinza de seus olhos pareciam mais do que nunca mortos para a vida. Quando ele viu Krista no alto da escada, sua expressão ficou paralisada. O insinuar de um sorriso nasceu em seu rosto.

— Menina Krista, venha. Você já tem idade para se dirigir a um homem, não é mesmo?

Dumin avançou entre a escada e Marek.

— Minha neta acabou de acordar, senhor. Se eu não vi nada, Krista viu menos ainda. E não. Ela não tem idade para participar desta conversa.

Marek alargou o sorriso, revelando os caninos proeminentes. Era uma fera, em todos os sentidos da palavra. Continuou olhando para Krista, que desviou o olhar, amedrontada.

— Sério? Quantos anos ela tem, Dumin? Treze? Quatorze?

Dumin sentiu vontade de cuspir em Marek.

— Quinze.

Marek sorriu ainda mais. Ignorando Dumin, andou em direção à escada. Krista encolheu-se.

— Ora, nessa idade minha mãe já tinha dois filhos! Minha falecida esposa, por exemplo, já carregava no ventre meu primeiro filho. É uma mulher, Dumin. Já devia estar cuidando de uma família.

— Com todo o respeito, senhor... Krista é minha neta, e isso é algo que somente eu devo decidir.

Marek olhou-o com seus olhos frios, o suficiente para fazer sumir a cor do rosto de Dumin. O medo era palpável.

— Não é bom para uma garota ficar sem um rumo. Pense nisso, Dumin... pense nisso.

Virou nos calcanhares e saiu pela porta. Krista soltou a respiração. Não era novidade para ninguém que Marek estava à caça de uma nova esposa, já que a primeira morrera havia alguns meses. Diziam pelos cantos da cidade que ele mesmo a envenenara, pois a considerava velha demais. Verdade ou não, o homem causava-lhe arrepios. Dumin virou-se para a neta e fez-lhe um sinal com a cabeça para que ela subisse novamente. Foram até o último pavimento, onde Milan estava recostado a um canto, atento a cada ruído.

— A guarda?

— Sim, rapaz. Marek se distraiu. — E olhou para Krista, que ruborizou. — E acabou desistindo de revistar a torre. Foi sorte, imagino.

Milan apertou os lábios, pensativo.

— É um risco muito alto para vocês. Preciso sair daqui. À noite, tentarei fugir.

— Você vai morrer assim. Temos um alçapão no chão do térreo, onde estocamos grãos para o inverno. Praticamente ninguém sabe que esse depósito existe. — Krista voltou-se para o avô, procurando algum indicativo de que concordaria com sua ideia. — Ele poderia ficar escondido lá, não?

Dumin ficou um tempo em silêncio, avaliando. Quando Marek revistasse todas as casas, recomeçaria sua caçada com mais atenção. Logo estaria novamente à sua porta e, desta vez, olharia todos os pavimentos da torre. Mas o depósito de grãos...

— Venha, Krista. Vamos ver como estão as coisas lá embaixo. Você, rapaz, não saia daí.

Milan encolheu-se atrás das engrenagens mais altas. O barulho das máquinas e o badalar do sino, no entanto, eram tão ensurdecedores que ele sentia sua cabeça latejar. No térreo, Dumin afastou alguns fardos de palha, lenha e caixas para conseguir chegar ao alçapão. Uma nuvem de poeira levantou-se, envolvendo-os e fazendo Krista tossir algumas vezes. Dumin pegou um castiçal e iluminou o depósito. Estava vazio àquela época do ano. Alguns ratos correram da luz repentina, mas parecia seco. Tinha um metro e meio de altura, nenhuma janela e grossas paredes de pedra. Dumin pediu que Krista rolasse um dos fardos de palha para baixo e buscasse uma manta de lã grossa. Deixou ali algumas velas, um balde de água e outro vazio.

A parte mais difícil foi trazer Milan para baixo. Além de vencer as escadas e quase cair várias vezes, ele teria de pular para dentro do depósito e depois andar arquejado. Milan respirou fundo por três vezes e tomou coragem. Pulou, mas a dor foi tão intensa que ele se dobrou quando atingiu o chão, sentindo todas as forças o deixarem e o corte que estava no início da cicatrização romper-se, fazendo o sangue jorrar pelo chão de terra batida.

Krista pulou em seguida, tentando ajudar Milan, que, apesar da dor, não emitiu nenhum som. Manteve os lábios comprimidos e suava em bicas, pressionando com as mãos e com força o lado esquerdo da cintura, os dedos enchendo-se de sangue até pingarem. Krista guiou-o para a cama improvisada de palha e o fez sentar-se. Praguejou por ter se esquecido de levar panos limpos, então rasgou a saia em alguns pedaços e mergulhou-os na água limpa que havia trazido. Tirou a camisa de Milan e limpou novamente o ferimento. O avô trouxe mais mel para ajudar na cicatrização. Depois de trocar de camisa, enrolou-se na manta e desabou, exausto.

— Não tenho como agradecer o que estão fazendo por mim. Deus lhe dará em dobro, senhor. — Milan abriu os olhos e sorriu para Krista. — Obrigado, menina.

Apesar das palavras doces, Krista ficou irritada. Não queria que ele a visse como uma criança. Para todos os homens daquela cidade, ela já era uma mulher. Tinha belos olhos azuis e cabelos loiros sedosos e compridos. O rosto delicado tinha algumas sardas. Era esguia, mas arredondada nos devidos lugares. O fato de Milan a ver como uma menina a deixou magoada. Ela observou Dumin e o rapaz combinarem batidas nas vigas de madeira como forma de código de segurança e horários em que poderiam abrir o alçapão. Milan ouvia a tudo com atenção. Seus cabelos estavam ensopados de suor e sua pele estava pálida. Parecia meio febril, com os lábios arroxeados.

— Krista? Krista, preste atenção!

Ela voltou os olhos para o avô.

— Vá buscar mais água, pão, queijo e algumas lascas de cordeiro.

— Sim, *dĕdeček*. Acha que ele está com febre?

Dumin adiantou um passo e pousou a mão na testa de Milan. Ele ardia. Somente a troca de curativos e o mel não estavam ajudando, e a ferida começava a infeccionar. Manchas arroxeadas surgiam ao redor dos olhos do rapaz, que ficava cada minuto mais pálido. Acima deles, o Orloj marcou oito badaladas. Já estava muito atrasado em seu trabalho e, se não aparecesse na vila, despertaria suspeitas.

— Krista, vá até Svetlana e a traga aqui. Diga que estou com cólicas e não posso me levantar da cama, que comi algo estragado. Deixe que outras pessoas ouçam. Certamente, um soldado que esteja curioso não irá querer ver a diarreia de um velho.

A garota subiu rapidamente no caixote que haviam colocado como apoio. Dumin ficou com certa inveja da agilidade dos jovens, pois ele mesmo tinha de se esforçar para conseguir entrar e sair daquele porão. Milan havia fechado os olhos e tremia de frio. Dumin colocou a mão em sua testa. A temperatura estava ainda mais elevada. Se não conseguissem controlar a infecção, em algumas horas ele estaria condenado. Fez o sinal da cruz e uma prece. Depois, pensou em qual lugar poderia enterrá-lo, caso precisasse. Era melhor se precaver.

Krista atravessou a grande praça, desviando-se das poças pelo caminho. Àquela hora, a cidade fervilhava de pessoas vendendo e comprando todo tipo de coisas e de soldados que patrulhavam o local. Havia um burburinho de que um rebelde se escondera em algum lugar.

A jovem passou por uma patrulha. Havia cavalos paramentados para o combate, e gritos vinham de uma taverna. Apertou o passo e alcançou a pequena casa espremida entre a muralha e um beco. Abriu a velha porta de madeira desgastada pelo tempo, que rangeu alto. Svetlana estava nos fundos da casinhola, remexendo o caldeirão. Era a perfeita figura das bruxas que as lendas popularizaram, com cabelos brancos caindo pelas costas e rosto cheio de rugas. Mas Krista já a conhecia por toda a vida para saber que sua mágica era das melhores. Era uma boa curandeira e cuidava das pessoas daquela cidade desde que chegavam ao mundo até fecharem os olhos, levadas pela morte. Um homem a aguardava em um canto, tossindo e escarrando um líquido escuro, esperando pela mistura que a velha preparava.

— Olá, minha jovem. O que a traz aqui tão cedo?

Krista repetiu a história que seu avô contara, e Svetlana nada disse. A velha piscou uma vez, dizendo que, assim que terminasse sua poção, iria acompanhá-la. O homem, que a tudo ouviu, recebeu seu remédio e saiu. Svetlana remexeu em alguns potes que ficavam em uma mesa comprida de madeira e pegou uma pequena bolsa de couro.

— O que devo levar? Porque sei que remédio para dor de barriga não é.

Krista piscou duas vezes, tentando pensar no que dizer, sem despertar suspeitas. Svetlana sorriu, paciente. O segredo transparecia nos olhos azuis da garota e já estava velha demais para ser enganada como uma tola.

— Ora, menina, diga o que o rebelde precisa. Está ferido? Tem febre?

Krista gaguejou um pouco e depois acabou concordando. Svetlana pegou rapidamente algumas ervas, óleos e uma mistura para chá.

A velha foi parada algumas vezes pelo caminho, aconselhando que a procurassem assim que socorresse Dumin. Entraram na torre do relógio, limpando a lama dos pés na soleira da porta. Krista levou-a até os fundos do andar térreo, afastando um caixote de madeira e levantando o alçapão. Uma luz tênue vinha lá de baixo. A velha observou o buraco no chão e avaliou o risco de tentar entrar naquele lugar sem quebrar uma perna ou o pescoço com uma queda. Krista saltou na frente, e Svetlana agachou-se, sentando-se na borda, impulsionando seu velho corpo para frente e tocando, por fim, no caixote de baixo com a ponta da bota.

Krista e Dumin ajudaram-na a equilibrar-se. Como era baixa, não precisou se curvar como os demais. Encostado em uma parede de pedras estava o rapaz, o rosto lívido e febril. Seus dentes batiam de frio e os olhos estavam fechados, aparentemente inconscientes do que acontecia à sua volta.

— Venham, me ajudem a livrá-lo das roupas. Precisamos baixar essa febre agora mesmo.

Retiraram a camisa e as meias, deixando-o apenas com a calça de couro de carneiro. Sua pele estava tão quente que parecia arder. A ferida agora tinha um pus amarelo e as bordas avermelhadas. Svetlana ordenou que Krista mergulhasse panos na água fria e passasse na pele do rapaz, enquanto ela própria colocava um pedaço de pano úmido em sua testa. Depois, costurou o corte com linha e fez um emplastro com ervas e óleos. Milan retorceu-se de dor, mas não despertou. Delirava de febre e falava palavras desconexas, chamando por nomes de mortos que jaziam sob a terra. A velha curandeira forçou uma poção amarga em sua boca, e ele quase engasgou algumas vezes, mas tomou a maior parte. Caiu em um sono profundo e bem menos agitado. Krista tinha a cabeça dele em seu colo e passava a mão por seus cabelos, como uma mãe carinhosa faz com um filho doente. E, enfim, a febre cedeu.

— Ele tem de descansar agora. Vai dormir por algumas horas. Desçam para ver se a febre voltou. Vou deixar os remédios de que precisam.

Dumin a ajudou a subir no caixote e deu-lhe um empurrão para que conseguisse subir.

— Obrigado. Não preciso dizer que temos de manter segredo, não é?

Svetlana olhou-o como se ele fosse um velho tolo, dizendo algo óbvio. Bateu de leve em seu ombro, recomendando que Krista voltasse à sua casa dali a três dias para pegar mais infusões e o emplastro para a ferida. De repente, ficou petrificada, com os olhos turvos e a expressão séria. O ar ficou pesado, e Dumin sentiu frio. Era como se estivesse sendo envolvido por um cobertor feito de gelo.

— Svetlana?

Ela despertou do transe e piscou algumas vezes. Seus olhos pareciam assustados, muito embora sua voz soasse calma, como sempre. O ar ficou mais fácil de respirar.

— Deve proteger esse rapaz, ouviu? Não deixe que Marek o apanhe.

Svetlana não quis dizer por que havia dito aquilo e apenas se despediu com um acenar de mão. Dumin arrepiou-se, embora o ar não estivesse mais gelado. Foi até a beira do alçapão e chamou por Krista. A neta apareceu, mas relutou um pouco em deixar Milan ali sozinho. Era tudo o que Dumin não precisava naquele momento: que a garota se apaixonasse por um rebelde procurado pela guarda da cidade. Ordenou que subisse rápido e sem discussão. A menina ajudou-o a fechar o alçapão e a cobrir a entrada com um pesado caixote de madeira.

Após três dias, Krista voltou à casa de Svetlana para buscar mais unguentos e chás. A guarda apertava o cerco, mas, milagrosamente, ninguém desconfiou de que o rebelde estivesse no relógio. A velha curandeira deu-lhe instruções sobre quando Milan poderia se levantar, mas parou por um momento, fechando os olhos. Krista imaginou que ela estivesse ficando caduca e que havia adormecido em plena conversa, quando Svetlana abriu os olhos de repente.

— Os esgotos. Ele deve fugir pelos antigos dutos de esgoto, que saem do castelo e passam por baixo da muralha.

— Mas como ele vai chegar até os dutos?

— Eu conheço uma maneira. Meu pai trabalhou nesses dutos até sua morte. Havia saídas escavadas na pedra para serem usadas durante a construção. Depois, elas foram seladas, mas as fendas continuam lá. Basta saber onde estão. E eu sei, pois levava a comida dele todos os dias. Os dutos dão no rio, a pelo menos dois quilômetros daqui. Será uma viagem desagradável para ele. Perigosa, mas é a única saída.

Krista foi acometida de um súbito pânico. Sabia que Milan deveria partir, que era vital que conseguisse escapar das mãos de Marek, e esse era um plano muito razoável. Abrir mão dele, contudo, seria muito difícil. Agradeceu a Svetlana e combinou o melhor momento para pôr em prática a fuga, que seria dali a uma semana, quando viria a lua nova. Sem a luz natural, ficaria mais fácil esconder-se nas sombras dos becos. A velha os levaria até a entrada secreta dos túneis, que poderia ser aberta com a ajuda de um machado. Era uma passagem apertada, mas suficiente para um homem esgueirar-se por ela.

Pensativa, a jovem voltou para a torre. Um cavalo cruzou seu caminho no meio da praça central, espirrando lama enquanto trotava e sujando seu vestido.

— Menina Krista, mais cuidado quando andar pela praça!

Marek olhava-a do alto de seu garanhão negro, com o rosto semicoberto pelo elmo. Os olhos cinzentos mediam-na de cima a baixo. Krista engoliu em seco, contornando o cavalo e pedindo desculpas. O homem continuou a segui-la com os olhos e desmontou, chamando-a com voz forte. Ela voltou-se, e ele caminhou em sua direção, a passos lentos.

— Dumin ainda está doente?

— Está se recuperando, senhor. Vim buscar apenas alguns chás.

Ele parecia desconfiado. Olhou para a cesta que a jovem carregava, mas, como não distinguia as ervas que ali estavam, deu de ombros. Voltou os olhos para o rosto de Krista, estudando suas feições. Sorriu, mas foi como um mau presságio.

— Dumin deveria casá-la logo com um homem de bem. — Marek aproximou-se mais, tomando uma mecha do cabelo de Krista e levando-a ao nariz para aspirar-lhe o aroma. — Um homem que a defenda, que cuide de você, quando seu avô faltar. Diga, Krista, não pensa em ter uma família?

Ela deu um passo para trás, tremendo.

— Meu avô pensa que ainda não estou pronta. E eu *obedeço* ao meu avô, que vai viver muitos anos ainda.

Krista virou-se e seguiu com passos rápidos para o Orloj, antes que Marek dissesse mais alguma coisa. Entrou na torre, certificando-se de trancar a porta. Ouviu o avô bater contra o metal nos pavimentos superiores, então, arrastou o caixote de madeira e abriu o alçapão. Desceu, acostumando o olhar à pouca luz.

— Trouxe pão, queijo e seus remédios.

Milan sorriu. Não tinha mais febre e a ferida cicatrizava bem. Pegou o pão e o queijo e dividiu-o com Krista, que se sentou ao seu lado. O rosto da jovem estava pálido.

— O que aconteceu?

Ela lembrou-se do rosto e das palavras de Marek e arrepiou-se. Contou-lhe, com a voz embargada de choro, que o chefe da guarda a cercava havia meses. Milan apertou os lábios e sua expressão mudou. Ele olhou para a parede e suspirou fundo.

— É um porco... querendo se casar com você, que é só uma menina.

— Eu não sou uma menina! Olhe pra mim! Já sou uma mulher! Se *dědeček* permitir, posso me casar sim!

Ele olhou-a com espanto. Nunca havia visto Krista nervosa. A jovem tremia de raiva e frustração, com os olhos azuis marejados.

— Desculpe... não quis ofendê-la. Só que você deveria ter alguém mais jovem...

Krista adiantou-se, derrubando o pão que segurava, e deu-lhe um beijo. Milan foi pego de surpresa, recuando a princípio, e viu nos olhos dela que estava decepcionada e envergonhada por sua aparente recusa. Ficou um instante olhando para o rosto da jovem, depois o envolveu com as mãos, acariciando de leve seu queixo.

Milan aproximou os lábios com cuidado, como se ela fosse quebrar. O beijo foi tímido a princípio, depois mais intenso. Krista emaranhou os dedos nos cabelos dele, sentindo sua respiração acelerada. Os dois estreitaram ainda mais o abraço, mas o joelho dela bateu em seu flanco, exatamente no local do corte, causando-lhe uma pontada de dor intensa.

— Desculpe!

Ele ficou sem ar por um instante, mas conseguiu rir. Quando ela se aproximou, ele a conteve, segurando seus ombros com firmeza.

— Não posso. Isso é um desrespeito ao seu avô e à confiança dele.

— Não gosta de mim?

Ele olhou-a com mais doçura, passando os dedos por seu rosto.

— Gosto. Não imagina o quanto. Mas não seria honrado se quebrasse a confiança de Dumin. Me perdoe.

Milan baixou os olhos, pegou as mãos de Krista e beijou-as com delicadeza. Encostou a testa em seus dedos e ficou ali por um momento, tentando controlar a intensa vontade de jogar a jovem na cama improvisada. Depois, beijou-a novamente de leve e pediu que ela saísse, pois seria melhor assim. Kristan ficou frustrada, mas compreendeu. Disse que voltaria na hora do jantar. Quando subiu, Dumin estava esperando-a do lado de fora.

— Como ele está?

— Bem, *dědeček*. A febre foi embora.

Ele olhou-a por um tempo, desconfiado. O rosto da neta estava ruborizado e seu cabelo um tanto bagunçado.

— O que aconteceu lá embaixo?

Krista ficou ainda mais vermelha e respondeu que nada havia acontecido. Que estava apressada para fazer suas obrigações e subira escadas acima como um raio. Dumin olhou para o caixote que disfarçava a entrada para o depósito de grãos e rezou para estar imaginando coisas.

Mais tarde, quando as batidas de seu coração estavam menos aceleradas e o rubor no rosto já havia passado, Krista contou ao avô os planos de Svetlana. O velho suspirou, pensando em mais uma semana daquela tensão. Concordou, por ser a maneira mais segura no momento. Na hora do jantar, fez questão de levar o ensopado no lugar de Krista e acompanhou a neta trocar o curativo do rapaz. Era melhor ficar de olho nela.

Os dias arrastaram-se. Milan conseguiu recuperar-se muito bem e já começava a ficar impaciente para sair do depósito e, enfim, ver a luz do dia. Ao mesmo tempo, não queria deixar o lugar. Sair dali significaria perder Krista para sempre. Embora ele houvesse decidido que não teriam mais qualquer contato além da amizade, era inegável que sentia por ela algo que julgava nunca mais ser capaz de sentir. Era como estar renascendo, saindo da escuridão em que se encontrava desde que perdeu toda a sua família.

Depois de enfatizar que não poderiam ter qualquer tipo de relação, Krista pareceu conformada, mas era visível sua tristeza. E olhar para ela era como dilacerar o próprio peito. Na noite anterior à fuga, Milan não conseguia dormir. Rolava de um lado para outro, pensava em subir e pegar Krista pela mão e levá-la com ele. Rezou para Deus o iluminar. Então, escutou o barulho característico do caixote de madeira sendo arrastado e o alçapão se abrindo. Podia ouvir os roncos de Dumin, enquanto Krista abria e fechava a portinhola.

Milan sentou-se. A única luz vinha da vela que estava ao seu lado. A imagem de Krista ficou mais nítida, enquanto ela andava até ele, meio curvada devido à altura do teto. A jovem sentou-se ao seu lado, e Milan viu que ela usava apenas o camisão de dormir. Era possível ver o contorno de seus seios, e ele teve que segurar a respiração.

— Talvez a gente nunca mais se veja. Talvez você volte com o exército de Jan Žižka e liberte a cidade da tirania do rei. Mas, de qualquer forma, não posso deixá-lo ir sem me despedir.

Krista pegou a mão de Milan e levou-a até seu rosto. A pele dela era quente e macia. Seus lábios estavam entreabertos e levemente ofegantes. O rapaz beijou-a, mesmo sabendo que não deveria. Mesmo que custasse sua honra, sua palavra. Enlaçou a garota, sentindo seu perfume de água de rosas, beijando seu pescoço alvo e livrando-a da roupa, enquanto ela também tirava sua camisa.

51

— Eu volto para te buscar. Eu juro.
Krista sorriu.
— Eu sei.

A noite estava escura, e a chuva fina caía, formando uma cortina cinzenta contra o breu. Milan imaginou se a velha bruxa havia previsto — ou provocado — essas condições para facilitar sua fuga. Ela era extremamente ágil, e o rapaz desconfiava de que a mulher enxergasse melhor do que ele próprio. Atrás deles, Dumin arfava devido ao esforço. Ele havia proibido Krista de acompanhá-los, o que Milan reforçou. A despedida fora dura, e ele quase quis desistir, contudo, tinha um compromisso com a causa dos rebeldes e Marek apertava o cerco.

Chegaram até o ponto onde Svetlana dizia haver a entrada lacrada. Dumin e Milan trabalharam com machados e martelos até conseguirem abrir espaço para a passagem do rapaz. Cuidavam para fazer o menor barulho possível, mas o eco do metal contra as pedras e a argila reverberava.

— Depressa!

Milan voltou-se para Dumin e agradeceu com um abraço apertado. Tirou uma corrente com um crucifixo rudimentar e entregou-o a ele.

— Dê a Krista por mim. Diga a ela que um dia voltarei para buscá-la.

Dumin tinha lágrimas nos olhos. Afeiçoara-se ao rapaz. Svetlana aproximou-se e tocou em seu braço, falando baixo.

— Vá até Žižka rápido! O tempo da justiça está acabando. Precisa correr. Vá!

Milan não entendeu muito bem o que ela quis dizer, mas mergulhou naquele duto, arrastando-se na sujeira. Seria uma longa jornada.

3.

A CAVERNA
DO DIABO

Os gritos por ajuda devolviam apenas ecos vazios. A água subiu rápido pelas galerias, empurrando-os mais fundo na caverna, até que encontraram uma espécie de salão seco. Estavam molhados e com frio, mas ainda tinham suas mochilas com água e sanduíches. Decidiram ficar ali, enquanto a água não baixasse.

— Acho melhor apagarmos uma das lanternas e mantermos apenas uma acesa. Economiza a bateria — disse Vinícius.

Camila concordou, rezando para não ser preciso esperar por tanto tempo. Com a luz mais fraca, o local causava-lhe ainda mais a sensação de enclausuramento. Respirou fundo três vezes, lembrando-se das palavras de cada um dos terapeutas e médicos com quem falara durante toda a vida. "É um medo irracional. Não deve deixar que a domine."

— Você já ficou presa em algum lugar fechado?

— Que eu saiba, não. Tenho esses ataques de pânico desde pequena, seja durante tempestades ou em lugares fechados. Também sonho muito com incêndios, embora nunca tenha presenciado um. Estou fazendo um tratamento agora. — Cuidou para não dizer nada sobre a terapia de vidas passadas, porque já soava bem estranho para si mesma. — E tem dado algum resultado. Hoje está sendo um excelente teste. Caso contrário, estaria em um canto, chorando.

Camila riu, e Vinícius a acompanhou. Pareceu relaxar um pouco. O jovem tinha o semblante preocupado, como se previsse que ela teria uma crise nervosa a qualquer momento.

— Pedro me contou que você quis o divórcio. Por quê?

Camila enrubesceu. Não esperava aquela pergunta. Ele desculpou-se, dizendo que achava que uma conversa faria o tempo passar mais rápido, mas não pretendia ser tão indiscreto.

— Não, tudo bem. Éramos bem jovens quando nos casamos. Eu estava grávida e, com apenas dezesseis anos, me vi casada e com um casal de gêmeos. Foi muito difícil. Muita imaturidade dos dois lados. E o Danilo, bem... O Danilo seguiu em frente com seus estudos e sua carreira, enquanto eu fiquei parada no tempo. Então, decidi que também poderia ter uma vida além de ser dona de casa. Foi uma confusão, para dizer o mínimo. O pai dos meninos é... antiquado. Não queria aceitar. Mas eu bati o pé, fui para a faculdade, arrumei um emprego. As brigas ficaram mais e mais frequentes. Percebi que tinha um relacionamento tóxico e que ele tentava me controlar o tempo todo. Um belo dia, resolvi dar um basta e aqui estou.

Vinícius ficou em silêncio um pouco e depois abriu um sorriso.

— Você é uma mulher fantástica.

Camila não sabia o que responder e balançou a cabeça.

— Que é isso...? As pessoas se divorciam todos os dias. Não há nada de mais nisso.

— Não é todo mundo que tem essa coragem ou essa possibilidade.

O rosto de Vinícius ficou sério, e seus olhos desviaram-se para um canto escuro da caverna. Por um instante, Camila achou que ele não fosse mais falar, então, o rapaz ajeitou as costas contra a parede e começou, com voz baixa e controlada:

— Você já percebeu que tenho tido problemas em casa e eles são muito sérios. Não sei como resolver.

— Seu padrasto?

Vinícius fez que sim.

— Ele é... um homem bem violento. Não apenas violência física, sabe? É psicológica. O que ele fez com minha mãe, no que ele a transformou... Tem sido muito difícil.

Camila ficou em silêncio, esperando que ele continuasse.

— Ela nem sempre foi assim. — Vinícius sorriu, lembrando-se de como era sua mãe antes do casamento. — Era uma mulher alegre, divertida. Uma verdadeira guerreira, que me criou sozinha.

— E seu pai?

Vinícius deu de ombros, com uma expressão neutra.

— Nunca o vi. Ela me contou que cobrou por muitos anos que ele pagasse pensão e fosse presente, mas um dia simplesmente viu que não valia a pena. E eu concordo com ela. Nós nos bastávamos. Éramos uma família pequena, mas bem feliz. — O rosto de Vinícius ficou mais triste. — Até que surgiu o Marcos. Minha mãe o conheceu quando foi registrar um assalto que havia sofrido. Ele é delegado, e em pouco tempo começaram a namorar. Nunca gostei dele, mas não pense que era um ciúme bobo, de filho que não quer um homem perto da mãe. Ela sempre teve seus namorados, e eu sempre me dei bem com eles. Mas com o Marcos era diferente. Tinha algo perigoso nele, uma maldade. Não sei explicar.

Vinícius suspirou. Parecia muito difícil continuar.

— Ele virou a cabeça dela. Minha mãe era uma mulher vaidosa e independente. Depois de se casar com ele, passou a não se arrumar mais, porque ele tinha ciúme. Deixou o emprego, porque ele cismou que o chefe de minha mãe estava interessado nela. Ele a afastou dos amigos, dos parentes. Ela entrou em depressão e começou a abusar da bebida. Tentei ajudar e briguei com ele. Já levei várias surras por causa disso. Depois, vi que ela *também* tinha medo dele.

Camila sentia o estômago embrulhar conforme ouvia as palavras de Vinícius. Era visível o sofrimento que aquele jovem carregava. Tinha vontade de abraçá-lo e de dizer que tudo iria ficar bem.

— Um dia, cheguei da escola e vi que ela estava machucada. Com um olho roxo e marcas de dedos no pescoço. Fiquei furioso e avancei sobre ele, mas Marcos tem pelo menos o dobro do meu tamanho e faz artes marciais. Ele quase me matou. Fiquei uma semana no hospital. Quando minha mãe estava lá, implorei a ela que o denunciasse. Ela chorou, dizendo que, como Marcos era delegado, tinha muitos amigos na polícia e confessou que ele a havia ameaçado, prometendo que iria nos matar se falássemos algo ou se ela pedisse o divórcio. Quando voltei para a escola, um babaca resolveu me zoar pelos hematomas. Nada de mais, mas eu estava com a cabeça tão cheia de problemas que transferi todo o meu ódio para ele. Por isso, saí do colégio anterior. Marcos foi até a casa da família do garoto e os ameaçou. Ele é um psicopata.

— Eu sei que vocês estão vivendo uma situação muito delicada, mas precisa denunciá-lo! Esse homem é um monstro.

Vinícius sorriu, mas não era um sorriso alegre.

— Por favor, não se envolva nisso. Já bastam minha mãe e eu nessa situação. Não quero que ele saiba que lhe contei tudo isso. É capaz de ele fazer algo contra você e seus filhos.

— Tem de haver uma saída. Podemos procurar o Ministério Público, conseguir uma ordem judicial...

— Minha mãe tentou uma vez, mas não estou brincando quando digo que ele conhece muita gente. Marcos descobriu o que ela estava fazendo e prometeu que nos mataria e depois se mataria, se fosse necessário. Ele não pretende deixá-la ir embora. Minha melhor chance é conseguir juntar alguma grana e sumir com minha mãe por aí.

Camila suspirou, extenuada. Sua cabeça girava. Convivia com Vinícius havia cerca de seis meses, vendo-o praticamente todos os dias, fosse no colégio ou em sua própria casa. Sabia que tinha algo errado com sua família, mas não podia imaginar a gravidade.

— Mais alguém sabe de tudo isso?

— Não. Nunca contamos isso a ninguém.

— Obrigada por compartilhar isso comigo. Vamos pensar juntos em uma solução, tudo bem? Você não está só. Não precisa passar por isso sozinho.

Vinícius olhou para Camila. Era um olhar intenso, mas que não transparecia o que ele estava sentindo. Ela levantou-se e sentou-se ao lado do jovem, enlaçando seus ombros. Vinícius apoiou a cabeça na curva do seu pescoço e ficou ali por um tempo. Depois, ergueu a cabeça e sorriu. Parecia mais leve.

— Quer dividir aquele pacote de Trakinas?

Estava em um lugar escuro, úmido, feito de paredes de pedra. Havia muitas goteiras, a água gelada acumulava-se em poças. Lá fora, o som dos trovões fazia a terra tremer. A única luz que havia no local vinha de uma fresta do pesado portão de metal que fechava a cripta. O cheiro ali era de mofo e poeira. Nos cantos, ficavam os túmulos cobertos de musgo e as teias de aranha. Inscrições antigas estavam praticamente apagadas pelo tempo, mas, mesmo que quisesse ler, não poderia pela falta de iluminação. Aconchegou-se ainda mais no braço de Milan, ainda que não pudesse ter o conforto de sua pele. Tinha o braço coberto pela cota de malha. O metal frio era grosseiro e áspero. Ele sorriu na escuridão. Seu outro braço estava ferido. A espada de Marek atravessara a malha e fizera um talho fundo e agora o corte pingava sangue,

contudo, ele não reclamava de dor. Tinha o rosto tenso, atento a cada ruído do lado de fora. Ao longe, ouviam os sons da luta. Cavalos relinchando. Gritos de homens morrendo. Milan fechou os dedos com mais força em volta de sua mão.

— Temos de sair daqui.

A voz dele foi abafada pelo som forte de uma explosão. Parecia que ecoava ao longe. Então, tudo ficou muito claro. Não conseguia abrir os olhos. A luz era intensa, e pouco a pouco conseguiu enxergar. Estava em um navio, uma espécie de caravela. Seu ombro estava enfaixado de forma rudimentar, com um pano encardido e ensopado de sangue. Demorou um pouco para saber onde estava e conseguir ficar de pé.

— Levem-na para baixo! Ponham-na a ferros!

O homem que falava era alto, tinha a cabeça totalmente raspada e uma tatuagem de um antigo ser marinho no pescoço. A camisa suja de fuligem e sangue balançava com o vento. Usava botas negras e brandia uma espada para seus subordinados. Um canhão fora disparado, e o som era ensurdecedor. No horizonte, pelo menos dois navios vinham em perseguição, mas era bem claro que aquela era uma nau mais rápida. Em um daqueles navios estaria Tiago? Sentiu ser erguida por braços fortes. O capitão voltou-se para ela, com seus olhos acinzentados e um sorriso aterrorizante.

— Bem-vinda a bordo, milady.

Camila acordou sobressaltada. Estava com a cabeça apoiada no colo de Vinícius e, quando se agitou, acabou acordando-o. Demorou um pouco para saber onde estava, se na cripta ou na caravela. Ainda sentia a brisa do mar e o cheiro de mofo. Tudo estava embaralhado em sua memória, fundindo-se em um pesadelo. Vinícius pegou-a pelos ombros, estudando seu rosto confuso. Depois, abraçou-a bem apertado, até que acalmasse as batidas do coração. Havia algo extremamente reconfortante naquele abraço. Seguro. Ele afastou-a alguns centímetros, apenas para perguntar se estava tudo bem com Camila. Estava tão próximo que era possível sentir seu hálito com cheiro de chiclete de menta. Como não respondeu, envolveu suas mãos no rosto dela, perguntando novamente e acariciando levemente seu queixo. Camila afastou-o bruscamente.

— Tudo bem, sim. Só um pesadelo, garoto.

Sentou-se no canto oposto de Vinícius, querendo manter a maior distância possível entre eles. O que vira a perturbara imensamente. Era a primeira vez que via, de forma nítida, suas vidas passadas através do sonho, sem estar no consultório de Ivete, com ela guiando-a no processo. E o mais estranho era ter acessado duas memórias, que se fundiram como se fossem uma a continuação da outra. Seria Tiago e Milan a mesma pessoa através do tempo? Seria o pirata uma reencarnação de Marek? E por que tinha essa sensação incômoda de que Vinícius era o responsável por destrancar aquelas memórias, que antes estavam tão turvas e agora se mostravam nítidas como um espelho?

Vinícius olhava-a de lado, claramente magoado por ter sido repelido de forma tão brusca. Era melhor cortar aquele tipo de intimidade pela raiz. Era o melhor amigo do filho, tinha metade de sua idade, e isso era um verdadeiro absurdo! Além disso, o rapaz, provavelmente, só estivesse sendo gentil. O arrepio que a percorria era apenas carência. Afinal, há quanto tempo não estava ao lado de um homem? Mesmo antes de oficializar o divórcio, já não tinha relações com Danilo havia meses. Balançou a cabeça, irritada. Não era um homem, pelo amor de Deus! Era apenas um menino!

— Você está bem?

— Desculpe, só estou exausta. Toda essa situação... estou preocupada com as crianças.

Ele levantou-se e cruzou o espaço entre eles. Agachou-se diante ela, colocando sua mão sobre a de Camila.

— Vou tirar a gente daqui. Eu prometo.

Por um instante, ouviu aquilo como se fosse um eco, com outra voz repetindo a mesma frase. Uma sensação estranha de que já ouvira isso dele, mas em uma situação diferente. Escutaram vozes. Não tinha noção de quantas horas ficaram ali, ou se era dia ou noite, pois a bateria do celular acabara havia muito tempo. Ficaram um tempo em silêncio e depois seguiram o som aproximando-se cada vez mais. Entraram nos túneis, a luz da lanterna já fraca. Então, as vozes ficaram mais fortes, e os dois praticamente correram em direção a elas.

— Camila!

Daniel recebeu-a com um abraço. Estava acompanhado de um guia. Levaram os dois para fora, contando que a tempestade fora a maior registrada nas últimas décadas e que inundara boa parte da cidade.

— É um milagre estarem vivos. Muitas partes da caverna ficaram totalmente inundadas. Graças a Deus, a água baixou rapidamente, mas ficamos muito preocupados que estivessem encurralados.

Camila olhou para Vinícius e lembrou-se de como ele a guiara pela mão pelo labirinto das galerias, encontrando o salão seco no qual se abrigaram. Será que teria sobrevivido sem ele? Pôs a mão em seu ombro e o trouxe para um abraço.

— Obrigada, garoto.

— Não sou garoto.

Ele resmungou baixo, mas o suficiente para ser compreendido. Ela riu e bagunçou o cabelo do rapaz, arrancando um sorriso cansado dele. Foram para a pousada de Daniel, onde Cookie estava sendo punido pela confusão que arrumara com uma tigela de frango picado em vez do bife que comia todos os dias. Era quase doloroso ver sua cara de decepção. O pai de Camila, que ligava de hora em hora para saber das buscas, finalmente sossegou quando ouviu sua voz.

— Ligue para sua mãe. Ela deve estar preocupada.

— Ela não precisa saber o que aconteceu.

A resposta dele foi cortante, com a voz dura. De fato, ninguém ali sabia como avisar os pais de Vinícius. Só tinham o celular dele. Camila pediu para que não insistissem. No dia seguinte, voltaram para casa e para a rotina, mas não conseguia deixar de pensar naquele garoto e em tudo que ele despertara nela.

— Estou no porão do navio, com uma corrente presa ao meu tornozelo esquerdo. Meu ombro dói muito, mas é a sede que mais me incomoda. Olho para meu vestido, que está salpicado de sangue e sujo de fuligem. As flores amarelas que bordei estão irreconhecíveis. Tento segurar as lágrimas. Escuto passos nas escadas e vejo as botas negras de Drake descendo, fazendo ranger a madeira. Ele para perto de mim e se agacha. Seus olhos cinzentos ficam na altura dos meus. "Não tenha medo, minha dama. Não tem serventia para mim morta". "Então, por que estou aqui?", pergunto, muito embora já saiba a resposta. "Você vale seu peso em ouro. Seu pai é um Dom. Vai pagar caro para tê-la de volta."

O saque a Cádis havia sido frustrado pela defesa da cidade. Não restaram muitas opções aos piratas a não ser roubar o que viram pela frente, antes que seus navios fossem afundados. E o capitão Drake era bastante esperto para saber que eu valia mais do que uma pilhagem qualquer. Ergui meu queixo, tentando não demonstrar medo e cuspi em sua bota. Ele sorriu, e aquilo arrepiou minha alma. "Tem coragem, tenho de admitir. Mas não se engane, milady..." Ele pegou no meu queixo e senti seu hálito amargo. "Preciso de você viva, mas isso não quer dizer que precise de você inteira."

Camila ainda sentia o gosto das lágrimas quando acordou do transe. Sentou-se e ficou um tempo em silêncio, acalmando as batidas do coração. O pirata realmente a apavorara. Ainda sentia o cheiro de seu hálito azedo a centímetros de seu rosto. Ivete releu as anotações em seu bloco.

— Parece que seu inconsciente está sobrepondo essa memória à de Praga. Não teve nenhum vislumbre de Milan e Krista na cripta?

— Não. É como se tudo ficasse embaralhado na minha cabeça e, quando tento me lembrar de Milan, a imagem acaba desfocada e vai para esse navio, onde estou presa. É aterrorizante, na verdade.

— O mesmo terror que sente quando está no cemitério?

— Não, na verdade... Em Praga, eu tenho medo, mas sei que Milan está lá. Nesse navio, no entanto, eu estou só. Tenho, contudo, a certeza de que Tiago vai me salvar.

— Tiago. — Ela anota o nome, grifando-o. — Quem é ele?

— Meu noivo. Ele é segundo-tenente da Marinha Espanhola. Estávamos nos casando quando começou o saque a Cádis. Acredito que seja ele o homem que estava nos navios que perseguiam Drake.

— Então a imagem de Milan está associada à de Tiago? Acredita que sejam a mesma pessoa, em encarnações diferentes?

Camila pensou um pouco e fez que sim com a cabeça. E admitir que esse homem a acompanhava através do tempo fez seu sangue gelar. Até porque tinha quase certeza de quem ele era nesta vida.

4.

O PORTO
DE CÁDIS

O sol brilhava no horizonte, e o mar ondulava em seu azul profundo, com as ondas de espuma branca quebrando na areia dourada. Inês ajoelhou-se, pegando um punhado de areia molhada com as mãos, sentindo-a escorregar entre os dedos.

— Levante-se, Inês! Sujará todo o vestido desse jeito!

A menina ergueu-se a contragosto, batendo com a mão nos joelhos. Duas manchas formaram-se no tecido, e, vendo isso, a ama aplicou-lhe um cascudo no alto da cabeça. A menina olhou-a com raiva, mas sabia que era inútil protestar. Mais gente acumulava-se na praia, perto do cais. As pessoas aguardavam, ansiosas, pela volta dos navios. Entre eles, o *Serena*, que trazia o pai de Inês após uma viagem de dois meses pelo Mediterrâneo. Era o comerciante mais rico de Cádis e, recentemente, fora agraciado com o título de Dom pelo governador local. Ainda havia, contudo, uma parte da nobreza que torcia o nariz para ele.

O homem, que convivera com a pobreza na infância, conseguiu galgar degraus na nova burguesia, muitas vezes de maneira escusa, é verdade. Ainda assim, viu seu patrimônio crescer e, com ele, a influência na cidade. A riqueza, no entanto, não pôde ser partilhada com a esposa, que morrera no parto da única filha, Inês, após muitos anos de tentativa de ter um bebê. Ainda com o coração machucado pela perda, decidiu dedicar-se aos negócios.

O *Serena* despontou no horizonte, trazido pelos bons ventos do oceano. Uma hora depois, atracava no cais. Os marinheiros gritavam a plenos pulmões, enquanto puxavam cordas e roldanas, baixavam as velas e descarregavam os caixotes pesados de madeira e os fardos de tecido. Dom Diogo desceu da caravela e correu ao encontro da filha, que o aguardava ansiosa. Inês tinha doze anos e, aos poucos, transformava-se em uma bela moça. Os cabelos escuros contrastavam com a pele branca, e os olhos castanhos eram emoldurados por cílios compridos. O espírito da menina, no entanto, era um verdadeiro desafio para o pai e, principalmente, para a ama que a criara. Teimosa, altiva e impetuosa desde o berço.

— Papai!

Inês pulou nos braços do pai e beijou seu rosto. Já era um homem velho, que poderia ser muito bem seu avô. Ele colocou-a no chão, recuperando o fôlego.

— Minha doce Inês, comportou-se bem?

A ama disparou a tagarelar, contando cada travessura que a garota aprontara, desde trazer mais uma ninhada de gatos para casa — já tinham dezoito bichanos na última contagem — até faltar às aulas dominicais para andar sem rumo na praia. Enquanto a velha senhora falava até quase perder o fôlego, Inês notou que um menino estava pouco atrás de seu pai, lançando olhares assustados para eles. Baixava os olhos assim que a via observando-o.

— Quem é ele, papai? — Interrompeu a falação da ama.

Dom Diogo fez um gesto para o rapaz aproximar-se.

— Encontrei esse menino trabalhando no porto de Cartagena, na Múrcia. Há um ano, perdeu os pais durante um ataque pirata. Ele queria um trabalho, e, como todos naquele porto atestaram sua boa índole, acabei trazendo-o comigo para me ajudar nas tarefas do mercado. Esse é Tiago.

Inês deu um passo à frente, examinando o garoto que estava à sua frente. As roupas estavam bem desgastadas e seus cabelos escuros eram compridos e cacheados, na altura dos ombros. Sua pele estava curtida de sol e seus olhos eram castanhos amendoados, que ele mantinha pregados no chão.

— Quantos anos tem, Tiago?

— Treze, minha senhora.

Inês riu, achando graça.

— Pode me chamar apenas de Inês. Deve estar com fome, não?

Ele ergueu os olhos pela primeira vez e seu rosto iluminou-se com um sorriso.

Enquanto Tiago devorava um pão com ensopado de peixe, descobriram que o ataque pirata a Cartagena vitimara apenas sua mãe, já que o pai falecera anos antes, quando uma tempestade virou o barco no qual estava pescando. O garoto assumira a casa, mas não conseguira evitar a morte da mãe durante o saque. Uma pequena frota, mas muito violenta, chegou durante a noite, queimando as casas de pescadores e roubando os mais ricos. Muitas pessoas morreram, tentando defender ou fugir da cidade.

— Minha mãe tentou defender a casa, mas um pirata atravessou uma espada em sua garganta. Eu tentava apagar o incêndio, quando vi o que aconteceu. Avancei sobre ele, mas devo ter levado uma pancada na cabeça, pois não me lembro de nada depois disso. A casa queimou até o fim, e foi um milagre eu ter sobrevivido.

Ele contou a história com voz calma e controlada, como se tivesse feito isso muitas vezes. Inês imaginou-o andando pelas cinzas no dia seguinte, enquanto tentava achar o corpo carbonizado da mãe, enterrando o que restava dela e depois vagando atrás de comida e abrigo. A menina olhou à sua volta e tudo o que viu foi conforto e fartura. Teve, então, um pouco de vergonha de si mesma por, algum dia, ter reclamado que não queria comer algo ou que Deus fora cruel em deixá-la órfã de mãe quando nasceu. Tiago lambuzava o último pedaço de pão na tigela, como se tivesse medo de deixar qualquer vestígio de comida para trás.

— Seremos sua família, Tiago. Está em casa agora.

Ele sorriu.

Levou as mãos em concha para dentro da tina d'água, trazendo o líquido para o rosto banhado em suor. A água fresca correu por seu pescoço e seus braços, empapando a camisa de algodão, o colete escarlate e os cabelos que estavam amarrados com um cordão negro. O dia estava quente, e a brisa do mar soprava morna. As gaivotas gritavam acima dele, e o mar quebrava em ondas calmas na praia. O navio ancorara havia duas horas, e um grupo estava descarregando os suprimentos para o forte. O oficial ordenou uma pausa e, assim como seus companheiros de regimento, agradeceu silenciosamente por isso. Já estava na Armada Espanhola havia quatro anos. Lembrava-se, como se fosse ontem, de quando levou a notícia a Dom Diogo e a Inês e como seus olhos marejaram de felicidade.

Desde que o abrigaram há sete anos, Tiago trabalhou para a família em troca de abrigo e comida, mas uma oportunidade de ingressar na Marinha mudara os rumos de sua vida. Antes, um relacionamento com a filha de um Dom era algo inimaginável. Hoje, como segundo-tenente da Armada, com um soldo e um futuro, poderia almejar esse destino. Mesmo que Inês quisesse apressar os acontecimentos — e era muito difícil negar qualquer coisa a ela —, tinha em mente que precisava de mais alguns anos para desposá-la.

— Veja só! O nobre segundo-tenente da invencível Armada Espanhola, todo molhado e desleixado. Seu oficial sabe desse seu estado lamentável?

Tiago abriu um sorriso, mas sentiu os olhares dos demais marinheiros pregados em Inês e em seu vestido rosado, com o decote proeminente e os cabelos perfeitamente arrumados em cachos que lhe caíam pelos ombros. Deu a volta na tina d'água e pegou levemente seu cotovelo, levando-a para longe do resto do regimento.

— O que faz aqui?

— Vim ver-lhe, ora! Chegou a notícia de que o *Maria Estela* havia ancorado... Acha que eu ficaria esperando na minha janela o momento em que você achasse por bem aparecer?

Antes que ela recuperasse o fôlego e disparasse mais uma frase, ele beijou-a, deixando que a saudade se sobrepusesse aos bons costumes. Inês enlaçou seu pescoço e correspondeu, apaixonada. Logo ele recuperou a prudência, envolveu seus pulsos delicadamente e afastou-a um pouco. Era impossível não notar como ela estava decepcionada.

— Seis meses no mar, Tiago, e você se afasta assim?

Ele beijou as mãos dela.

— Eu sei, meu amor. Mas a vida de um marinheiro é no mar, mais do que na terra. Sabe disso, não? E chegamos há poucas horas. Estamos descarregando os suprimentos. Ainda ficaremos no forte por uma semana, até que sejamos dispensados.

— Uma semana?

Ele aproximou novamente o rosto ao dela e beijou sua bochecha.

— Uma semana. Só mais alguns dias, daí volto para casa.

Ela enxugou uma lágrima, teimosa, que insistia em brotar do canto do olho. Ergueu o queixo, com expressão zangada.

— E depois? Vamos resolver nossas pendências?

Tiago suspirou.

— Sabe que quero me casar. É o que mais quero. Mas como posso desposá-la, se nem uma casa tenho para lhe oferecer? Acha que seu pai permitiria?

Ela sorriu. Parecia já ter a resposta ensaiada.

— Papai disse que moraríamos todos juntos até que você tivesse dinheiro para comprar uma casa. Se não fosse tão teimoso, aceitaria o dinheiro que ele lhe ofereceu e já estaríamos casados a essa altura...

Ele tentou interrompê-la, mas ela fez um gesto irritado.

— Eu sei! Sei que não quer dever a papai mais do que acha que deve, mas há de convir que esse é um bom arranjo. Ademais, saiba que a cidade inteira já fala que eu não sou mais pura, devido à nossa relação há tanto anunciada. Então, pare de manchar minha honra! Case-se logo comigo, e vamos viver todos sob o mesmo teto, até que você reúna o dinheiro que tanto deseja.

De fato, esse era um bom plano, Tiago tinha de concordar. E, baseado nos olhares que estavam recebendo durante aquela conversa, sabia que a honra de Inês começara a ser questionada desde o momento em que confessaram que estavam apaixonados. Por isso, quis desesperadamente entrar para a Marinha, para sair da casa de Dom Diogo e viver o mais longe possível de Inês, pois sabia que não conseguiria resistir ao seu lado.

— Tudo bem. Mas diga a seu pai que me espere daqui a uma semana, para que possamos oficializar o pedido e marcar a data tão logo for possível.

O sorriso que surgiu no rosto de Inês era suficiente para iluminar a noite mais escura. Ela pulou no pescoço de Tiago, dando-lhe um beijo intenso, que faria corar o marinheiro mais experiente. Ele afastou-a logo, já que, mais um pouco, era capaz de jogá-la no monte de feno mais próximo e consumar ali mesmo o casamento que ainda nem fora marcado.

— Uma semana, meu caro senhor. Uma semana!

O casamento foi marcado para dali a um mês, somente para que os preparativos fossem finalizados. Tiago presenteou Inês com um anel de rubi e uma renda branca vinda diretamente da Itália para o véu de noiva. Dom Diogo brindou aos noivos durante o jantar, secretamente aliviado com a forma como as coisas acabaram. Mesmo que Tiago não fosse o melhor dos partidos, a verdade era que seu dinheiro era suficiente para assegurar o futuro da família, e ele não almejava vender sua única filha como uma vaca premiada. O rapaz conquistara sua confiança e afeição durante aqueles anos. Já era um velho e queria netos logo, então, o arranjo fora mais do que bem-vindo. Poderia conviver com as crianças e certamente o convenceria de que aquela história de comprar uma casa era desnecessária. Foi pessoalmente até a catedral para marcar o casamento.

Inês bordava seu belo vestido havia cerca de seis meses. A seda branca ganhava vida com as flores amarelas e delicadas e o corpete pregueado, justo e elegante. Tudo ficaria ainda mais bonito com o véu que ganhara de Tiago. Só queria que a mãe estivesse ali para vê-la caminhar na igreja e ver seu belo noivo no altar. Seria um dia inesquecível e queria poder dividi-lo com ela. Afastou esse pensamento, concentrando-se no bordado. Faltava pouco agora. A cidade estava em festa, preparando-se para o grande dia. Não havia ninguém que não tivesse sido convidado, e o regimento de Tiago iria saudar o casal em peso na igreja.

Naquele domingo, o sol raiou no horizonte, e nem uma única nuvem manchava o céu. Os sinos dobraram, anunciando a hora do casamento. Dom Diogo foi até o quarto da filha e ficou assistindo às mulheres darem os últimos retoques. Inês estava linda, radiante.

Dom Diogo levou-a até a carruagem, e, nas ruas, as pessoas acenavam, entusiasmadas. Ramos de flores enfeitavam a grande e maciça porta da catedral. Lá dentro, Tiago estava nervoso, como nunca estivera. Era um sonho tornando-se realidade. Viu o sogro e Inês adentrarem a nave e caminharem lentamente ao som do coro. Cantavam a ave-maria, e parecia que os anjos do céu vieram para abençoar aquele momento.

Tiago tomou o braço de Inês e quis dizer o quanto ela estava bonita, mas nenhuma palavra saiu de sua boca. Voltaram-se para o padre, que começou seu sermão. Então, ouviram os tiros de canhão.

Tudo foi muito rápido. O forte estava desprotegido devido ao casamento. Os piratas chegaram contornando a marina, apenas se mostrando quando já estavam muito próximos de aportar. Tomaram a praia rapidamente e alcançaram o forte. Os soldados que ali estavam não conseguiram contê-los por muito tempo, pois não havia nenhum oficial para comandá-los naquele momento. Os gritos, o tinir de espadas e o estouro das carabinas eram ouvidos. O casamento foi interrompido para que a Catedral denunciasse o ataque dobrando os sinos. Todos saíram. Tiago mantinha a mão de Inês na dele, enquanto a outra segurava o sabre. Olhou para o capitão, que já gritava ordens de descer o morro para impedir o ataque pirata.

Tiago voltou-se para Inês, que tremia. Naquele momento, tudo o que queria era pegá-la nos braços e levá-la para longe dali em segurança. Seu instinto gritava que era isso que deveria fazer, mas o capitão ditava ordens a plenos pulmões e não podia ignorá-lo. Fechou os olhos, subitamente lembrando-se do dia em que a mãe morreu. Afastou os pensamentos.

— Dom Diogo, leve Inês de volta para casa, e fiquem em segurança! Vá ao porão e bloqueie a porta! Tenho de retornar ao forte!

— Não!

Inês agarrou o braço de Tiago, querendo impedir sua partida. Ele segurou o rosto da noiva em concha e beijou-a. Se pudessem deter os piratas ainda na praia, seria mais seguro para todos. Mas, para isso, o regimento precisaria de todos os soldados, e isso o incluía. Ainda relutou em deixar a mão de Inês, mas convenceu-se de que era a melhor decisão no momento. O casarão ficava a poucos metros dali, e chegariam rápido.

— Vá agora! Vamos segurá-los o quanto pudermos! Será mais seguro se esconder. Eu a encontrarei no fim da tarde.

Tiago não deu tempo a Inês para rebater. Desceu as escadarias junto ao seu regimento, e uma multidão espalhou-se pelas ruelas da cidade. Dom Diogo pegou a filha pela mão e a ama pela outra, mas a velha estava quase desfalecendo de tanto pavor. Inês teve de acalmá-la, o que lhes tomou alguns minutos preciosos. A ama, enfim, resolveu dar alguns passos, e Dom Diogo levou-as até a carruagem, mas era impossível andar pelas ruas apinhadas de gente em fuga desesperada. Ouviram uma explosão logo acima de suas cabeças e viram um edifício arder em chamas após ser atingido por uma bala de canhão. Inês tirou o véu que a atrapalhava e deixou-o na calçada de pedra, sendo pisoteado pela turba. Ergueu o vestido e pegou a mão da ama novamente, mas dessa vez foi ela quem assumiu o controle da situação.

— Vamos! Precisamos chegar em casa!

Urros de dor, e espadas sendo cruzadas. Uma grande massa de pessoas irrompeu na rua, fugindo dos piratas, que matavam quem estivesse à sua frente. Inês arrastou a ama o mais rápido que pôde, mas a mulher tropeçou num cadáver e foi atingida por uma espada na barriga. Inês ficou em choque, ao ver o pirata arrancar o terço de madrepérola das mãos inertes da ama. Um soldado apareceu na ruela e começou a lutar com o pirata, que foi a deixa para Inês sair do torpor e pegar a mão do pai. Dom Diogo, contudo, já era um idoso e arrastava-se arfando, incapaz de correr por muito tempo. Dobrou uma esquina e sentiu o sangue correr mais forte nas veias. O casarão ficava a poucos metros. Iam conseguir.

— Oh, meu Deus!

Dom Diogo foi atingido e viu uma mancha de sangue espalhar-se por sua perna, fazendo-o perder o equilíbrio.

— Vá! Vá agora! Fuja!

Inês demorou um segundo para entender o que tinha acontecido. Dom Diogo puxou-a e gritou a centímetros de seu rosto.

— Vá embora daqui!

Tiros. Gritos. A Armada organizara-se novamente e estava contra-atacando. Os piratas saqueavam o que conseguiam, antes de debandar. Um deles chamou sua atenção. Tinha uma espada nas mãos, mas resolveu guardá-la na bainha. Tirou a pistola do coldre e mirou em sua direção. Inês virou-se e saiu correndo, enquanto uma bala passava a poucos centímetros de seu rosto. Mais uma atravessou o ar ao seu lado, mas a terceira atingiu em cheio seu ombro, rasgando a carne e saindo do outro lado. Ela caiu, sentindo uma dor sufocante. Mal podia respirar. Obrigou-se a levantar e seguir. Quando deu por si, estava na praia. O barulho dos canhões era ensurdecedor. Havia navios em chamas na água, e o cheiro sufocante de fumaça inundava seus sentidos. Sangue pingava em seu vestido. O vestido que ela levara meses para bordar e que a fizera sentir tanta alegria ao colocá-lo naquela manhã. Olhou para a cidade e imaginou onde estaria Tiago naquele momento. Estaria morto? Estaria procurando-a?

Inês sentiu o ar faltar e as cores do dia ficarem mais cinzas. Estava perdendo os sentidos. Viu, ao longe, um par de botas negras e sujas se aproximarem. A ponta de uma espada banhada em sangue estava em seu campo de visão, então, ela desmaiou. O pirata agachou ao seu lado, avaliando sua aparência. Sorriu, gostando do que viu.

— Levem-na! Todos a bordo agora mesmo!

5.

O PROTESTO

— Você gosta de história, não é? Está rolando uma apresentação de trabalhos do ensino médio lá no auditório. Inclusive, acho que é da sala do seu anjo, o Pedro. *Slides*, trechos de filmes, essa chatice toda. Achei que gostaria de assistir.

Camila riu com Tânia, mas o que ela considerava uma grande chatice era, na verdade, um prazer. Sempre adorou as aulas de história e gostava de ver os alunos apresentarem seus trabalhos. E interessou-se ainda mais ao descobrir que era a turma de Pedro que estava apresentando. Vira o filho e o grupo de amigos pesquisarem por horas informações sobre o Leste Europeu na Idade Média e estava curiosa sobre o assunto.

Foi até o auditório, que estava escuro para a apresentação dos arquivos de mídia. Um grupo acabava de falar sobre a Guerra dos Cem Anos, e o próximo seria o do seu filho. Viu, ao longe, Vinícius trocar sorrisos com uma das garotas do grupo, quando subiram ao palco do auditório. Sentiu uma ponta de ciúme da menina e surpreendeu-se com seus pensamentos. O que era aquilo?

— Muito bem! Vejo aqui que escolheram como tema... as rebeliões em Praga, após a morte de Jan Hus. Uau! Curioso escolherem um tema tão diferente. Por que algo tão incomum?

— Pois é. Vinícius convenceu todo mundo de que seria legal. Claro que estava errado.

Pedro desabafou, e todos riram. Camila sorriu, vendo que Vinícius não estava nem um pouco preocupado com a crítica.

— Achei o tema legal e sugeri. — Ele coçou a cabeça, o que costumava fazer quando procurava as melhores palavras para se expressar. — Sei lá! Fiquei fascinado com o assunto e garanto que ninguém mais iria pesquisar isso.

A professora concordou, rindo. Camila cruzou os braços e apoiou-se na parede para assistir à apresentação. Começaram com *slides* básicos falando sobre a filosofia de Hus, o movimento religioso, sua condenação e morte na fogueira, que culminou em uma rebelião geral dos protestantes da Boêmia, que durou vinte anos.

Vinícius falava a maior parte do tempo. Parecia muito à vontade com o tema, discorrendo sobre os ataques rebeldes à Praga, atual capital da República Tcheca. Camila teve a sensação estranha de que ele ficava cada vez menos nítido, como se outra imagem estivesse se formando sobre a dele e tornando tudo embaçado. Esfregou os olhos, tentando concentrar-se. As palavras ecoavam no auditório. Piscou por um instante e, quando tentou focar seus olhos, tudo o que viu foi o rosto de Milan. O mesmo rosto que via nas regressões, com o sangue pingando do braço ferido, a cota de malha manchada de vermelho e a espada na mão. Ele segurava Krista em um abraço apertado. Em volta deles, tudo estava em chamas.

O grande relógio formava-se logo atrás deles, um barulho ensurdecedor de gritos, cavalos relinchando e aço tilintando. Camila engoliu em seco, enquanto o suor brotava de sua testa. Era como se visse tudo nitidamente agora, como numa tela de cinema, enquanto a voz de Vinícius estava mais e mais distante. Um barulho pegajoso de patas de cavalo na lama surgiu ao fundo. O cavaleiro com sua armadura desmontava e desembainhava a grande espada. O rosto de Marek estava pálido, com a pele repuxada, a boca entreaberta mostrava a ponta dos dentes. Os olhos acinzentados pareciam ainda mais claros, ameaçadores. Ele parou diante de Milan e Krista, que se encolheu de medo. Milan empurrou-a para trás, protegendo-a com o próprio corpo. Um fio de sangue corria pelo canto da boca de Marek, tingindo seus dentes de vermelho.

— *Renda-se agora, rebelde! E talvez passará o resto de seus dias apodrecendo nas masmorras.*

Milan deu um passo para frente.

— *Vamos acabar logo com isso!*

Então um som alto ecoou no tempo. Um tiro de canhão e as chamas deram lugar ao mar, e a torre do relógio agora era uma caravela. O rosto de Milan desfez-se e deu lugar ao de Tiago, que pulou no convés com uma espada manchada de sangue na mão.

— *Inês!*

Foi então que Camila desmaiou.

Camila acordou na enfermaria do colégio, com os rostos preocupados de Vinícius, Pedro e Heloísa cercando-a. Os filhos perguntavam se a mãe estava bem e o que tinha acontecido. Ela respondeu que não fora nada, apenas um mal-estar súbito. Vinícius observava-a de canto, com uma expressão desconfiada. A enfermeira do colégio insistiu para que todos saíssem e lhe dessem espaço para respirar e se recuperar melhor. Heloísa, que segurava a mão de Camila, relutou um pouco, mas saiu primeiro, sendo seguida por Pedro. Vinícius voltou-se de repente, quando já estava cruzando a porta.

— Você se lembra de ter dito um nome?

Camila empalideceu.

— Não.

Ele ficou um instante em silêncio e depois sacudiu a cabeça.

— Não... não foi você. Era a voz de um homem, não é?

Ele saiu, sem esperar resposta. Camila deitou-se na maca, a cabeça girando. "Ele ouviu? Como isso é possível?" Pegou o celular e digitou uma mensagem rápida para Ivete, pedindo um encaixe para aquele mesmo dia. Precisava falar sobre o que tinha acontecido, sobre o que estava vivendo. Precisava entender, acima de tudo, qual era a ligação de Vinícius com suas memórias passadas. Quinze minutos depois, estava no carro, ligando para o pai para que buscasse os netos no colégio e avisando que chegaria tarde. Não lhe deu explicações sobre o local aonde iria. Estacionou o carro e correu para a recepção do consultório, contando cada volta dos ponteiros do relógio, angustiada. Depois de meia hora, a porta abriu-se, e ela praticamente correu para o divã, com o rosto tenso.

— O que aconteceu?

— Acho que estou enlouquecendo. Acabei de ter uma visão de uma das minhas vidas passadas, como se fosse um filme, bem na minha frente. Não conseguia distinguir o que era realidade e o que era lembrança. Foi muito perturbador.

Ivete acalmou-a, dando-lhe uma xícara de chá quente. Pediu que contasse em detalhes o que ocorrera, anotando tudo em seu caderno. Mantinha uma ruga na testa, mostrando-se intrigada com o relato.

— É muito... incomum. Nunca vi alguém ter uma visão que não fosse induzida. É realmente surpreendente.

— Ora, eu estou muito lisonjeada por ser a primeira! — Camila depositou a xícara na mesinha que ficava ao lado do sofá, visivelmente irritada. — Escute, eu vim aqui para me livrar das minhas neuras, mas, se é para ficar sonhando acordada, parecendo uma doida, eu não quero mais continuar!

— Calma. Respire. O que acha que provocou essa espécie de hipnose?

Camila recostou-se no sofá, pensativa.

— Estava ouvindo Vinícius falar sobre as revoltas em Praga, para um trabalho de história. De repente, a imagem dele foi ficando mais distante e aquela cena se sobrepôs a ele.

— Vinícius e Praga? Percebe que a voz dele, falando exatamente sobre um local em que vocês dois estiveram no passado, pode ter provocado essa imersão involuntária?

— Ei! Não temos certeza de que ele seja Milan.

Ivete olhou-a como se estivesse diante de uma criança teimosa, que não aceitava ouvir que o chocolate acabara.

— Camila, diante de tudo o que me contou... Todas as lembranças que ele tem despertado, certamente, esse rapaz é Milan. E, digo mais, é também a reencarnação de Tiago.

Camila apoiou a cabeça nas mãos, negando-se a aceitar. Lágrimas inundaram seus olhos.

— Não pode ser... não pode ser ele.

Quando Camila, finalmente, chegou em casa, com a cara inchada de choro, os filhos e o pai pularam do sofá. Ela não quis responder às perguntas; apenas disse que iria descansar. Ficou rolando por muito tempo na cama, tentando livrar-se das memórias. Acordou às cinco da manhã com o coração disparado. Desceu as escadas e notou que estava tudo quieto. Fez um café, depois se sentou sozinha na sala, na penumbra. Perto das seis, deu uma olhada pela janela e sentiu seu coração dar um pulo. Um vulto estava sentado na calçada, encolhido de frio. Estava de jeans e uma blusa preta com o capuz sobre a cabeça. Pensou em chamar a polícia, pois ele estava bem no seu portão, mas então reconheceu a mochila. Enrolou-se no roupão e abriu a porta devagar. Vinícius estava sentado na guia, olhando para a rua. Camila abriu o portão, e ele levantou-se em um salto, assustado.

Quando ela olhou para o rosto dele, uma grande mancha negra no olho esquerdo chamou sua atenção.

— O que aconteceu?!

Vinícius baixou a cabeça, envergonhado.

— Desculpe, Camila. Eu não tinha para onde ir. Não queria assustar ninguém.

Ela abraçou-o enquanto o guiava para dentro de casa. Quando tirou o capuz, viu marcas vermelhas no pescoço de Vinícius, como se dedos fortes tivessem tentado enforcá-lo.

— Temos de ir à polícia!

— Não!

O rosto dele era puro medo. Tremia um pouco, mais de frio do que de tensão. Camila fê-lo sentar-se e serviu-lhe um café. Depois de alguns minutos, perguntou novamente o que havia acontecido. Ele pressionou os maxilares e ficou um tempo olhando para o fundo da xícara em suas mãos. Depois, resolveu falar, quando enfim a voz estava controlada.

— Eu tive uma discussão com meu padrasto de novo.

— Discussão?

Ele deu um sorriso torto.

— Um pouco mais do que isso...

— Por quê?

— Ele... minha mãe e ele discutiram. E, enfim...

— Ele bateu na sua mãe?

Vinícius fez que sim com a cabeça. Camila levantou-se, irritada.

— Eu vou até lá buscar sua mãe, e vamos todos à delegacia! Isso não pode ficar assim!

Ele negou devagar com a cabeça.

— Ele é delegado. Acha que minha mãe já não tentou? Da última vez, ele quase... quase matou ela. E a mim também. Tivemos até de nos mudar. Não adianta ir a outras delegacias... ele conhece muita gente. Uma vez, um policial tentou nos ajudar, e ele fez da vida do cara um inferno. Nossa única chance é sair de casa. Preciso juntar dinheiro para sumir no mundo com minha mãe.

— Você tem parentes?

— Não. Minha mãe se afastou de todos há muito tempo, e eu nunca conheci nenhum tio, avô, nada. Estamos sozinhos.

Camila ficou um tempo em silêncio, sem saber o que fazer. Não podia colocá-lo na rua.

— Pelo menos avise sua mãe de que está aqui.

Ele meneou a cabeça, concordando. Tirou o celular do bolso da calça. Depois de apenas um toque, a mãe atendeu. Vinícius afastou-se um pouco e falava baixo, quase de forma inaudível. Mesmo assim, Camila ouvia sons abafados da voz da mãe do rapaz. Ela parecia descontrolada. Vinícius acalmou-a um pouco, garantindo estar bem. Quando desligou, sentou-se no banco próximo à bancada da cozinha. Parecia cansado, mas concentrado em resolver seu problema.

— Estou trabalhando em uma distribuidora de alimentos à tarde. Quem sabe eles me deixam ficar no almoxarifado por um tempo? Será que eles me mandariam embora, se souberem que não tenho para onde ir?

Os olhos dela encheram-se de lágrimas.

— Você não vai pedir nada disso. Fique aqui. Vai dormir no quarto do Pedro. Vou chamar sua mãe à escola, e combinaremos tudo por lá. Não vamos deixá-lo na rua. Eu disse que você não está sozinho nessa.

O pai de Camila entrou na cozinha naquele momento. Olhou para o rosto de Vinícius e assustou-se. Ela serviu-lhe uma xícara de café e explicou o que tinha acontecido. Logo, todos na casa estavam empenhados em deixar o rapaz o mais confortável possível.

Pedro arrumou o quarto pela primeira vez naquele ano, organizando tudo e abrindo espaço no guarda-roupa para o amigo guardar o que havia trazido na mochila. Camila ligou para a mãe de Vinícius, explicou a situação e pediu que ela fosse até o colégio no dia seguinte para falar-lhe pessoalmente. Eram oito da noite quando, finalmente, sentaram-se no sofá da sala para assistirem a um filme qualquer. Heloísa fez um balde de pipoca e sentou-se bem no meio da mãe e do avô. Vinícius estava embrulhado em um cobertor na poltrona do canto, com o rosto inchado, que começava a ganhar uma coloração mais roxa. Depois de apenas dez minutos de filme, adormeceu. Camila segurou-se, tentada a ir até ele e acariciar seus cabelos.

— Por favor, sente-se.

A mãe de Vinícius acomodou-se na cadeira e tirou os óculos escuros com uma ponta de vergonha. O olho esquerdo estava coberto com uma camada grossa de maquiagem, mas ainda assim era possível ver os contornos arroxeados na pele.

— Helen, você sabe que não estamos aqui para discutir assuntos escolares. Vinícius, surpreendentemente, vai muito bem nos estudos, mas não pude me omitir quando ele apareceu na minha porta... naquele estado. Minha vontade era de denunciar o caso para as autoridades. Ele, no entanto, me impediu. Está preocupado com sua segurança.

Algumas lágrimas escaparam do lenço que ela trazia no rosto, traçando um caminho pelas bochechas. Fez um sinal positivo com a cabeça, sem, contudo, dizer uma palavra. Camila esperou alguns segundos, mas ela permanecia em silêncio.

— Eu entendo o que está passando. Vinícius me contou... ou pelo menos contou uma parte da história. Você não precisa passar por isso sozinha, entende? Podemos ajudá-la. Existem muitos meios de conseguir proteção. Podemos ir atrás de advogados...

— Você não entende...

O tom de voz de Helen lembrava o do filho, baixo e controlado, mesmo naquelas circunstâncias.

— Marcos é um homem perigoso e muito violento. Já respondeu a muitos processos, inclusive de homicídio. Eu já tentei me separar várias vezes, mas ele sempre ameaça me matar e, quando isso não é o suficiente, ele ameaça... matar meu filho. Da última vez que tentamos registrar uma ocorrência, ele quase nos matou.

Camila ficou em silêncio, vendo Helen secar as lágrimas. Parecia vazia, conformada com o destino.

— Você pode ir para minha casa.

Ela ergueu os olhos, pensando ter ouvido mal. Depois sorriu. O mesmo sorriso triste de Vinícius.

— Ele faria da sua vida um verdadeiro inferno. Não quero que ninguém mais sofra por mim.

— Mas temos de encontrar uma saída... deixe-me consultar alguns advogados, falar com pessoas especializadas em violência doméstica. Vamos encontrar uma saí...

— Você não entende. Eu já falei. Não há esperança.

Camila teve o ímpeto de chacoalhá-la, mas respirou fundo. E se estivesse em seu lugar? Sendo ameaçada constantemente, se fosse o *seu* filho? Estendeu as mãos sobre a mesa, virando as palmas para cima, em sinal amistoso. Helen demorou um pouco para decidir tocar suas mãos e, quando o fez, estava trêmula.

— O que posso fazer por você agora?

Helen deixou escapar um sorriso.

— Já está fazendo. Vinícius disse que deixou que ele ficasse por lá um tempo. Isso já vai nos ajudar muito. — Abriu a bolsa, tirando um maço de notas. — Tome. Faço questão de ajudar nas contas, na alimentação...

— Não é preciso. Ele é um bom menino, muito amigo dos meus filhos e está precisando de ajuda. É um prazer.

— Eu insisto.

— Não. E, por favor, guarde o dinheiro ou dê diretamente a Vinícius. Vocês podem precisar em algum momento, quando finalmente esse problema... for solucionado. Até lá, seu filho é bem-vindo em minha casa.

A campainha tocou. Lá fora a chuva caía impiedosa, os raios cortavam o céu e os trovões eram altos o suficiente para fazerem tremer a terra. Camila estava apreensiva, mas já não sentia o mesmo pavor de antes. A terapia realmente a estava ajudando. A dor no ombro praticamente já não existia também. Foi até o portão e o abriu para Danilo, que entrou correndo.

— Cadê a Helô e o Pedro? Eu disse que já estava a caminho.
— Ora, meu senhor, desculpe por seus filhos não estarem de prontidão lá na calçada, debaixo da chuva.

Danilo olhou-a com o mesmo olhar impaciente dos últimos anos de casamento, quando tudo o que respondia vinha carregado de ironia. Os filhos desceram, e, pouco depois, Vinícius também. Danilo estranhou e perguntou se ele precisava de carona para casa ou se alguém iria buscá-lo. Todos se entreolharam.

— Não, pai, ele não precisa de carona. Vinícius está passando uns tempos aqui em casa.

A explicação de Pedro foi seguida de um silêncio constrangedor. Danilo ficou olhando para o rosto do rapaz, que ainda estava levemente marcado por hematomas e depois pediu para falar com Camila em particular. Ele passou por todos de cara fechada e seguiu para a cozinha.

— Mas que sandice é essa de esse garoto "passar um tempo" aqui?

Camila cruzou os braços, segurando-se para não alterar a voz.

— Primeiro, isso não lhe diz respeito, pois esta não é a sua casa. Segundo, Vinícius está passando por um problema familiar muito sério, e nós o estamos ajudando.

— Não me diz respeito? E a pensão que eu pago? É para sustentar mais um?

— Quem lhe disse que a pensão está sendo usada para sustentar mais uma pessoa? Eu tenho meu salário, e, se eu quiser abrigar todo o time do Corinthians aqui, isso será problema meu!

— Ah, então é isso? Agora você coloca estranhos em casa para morar com meus filhos e acha que não me deve nenhuma satisfação?

— Estranhos? Pare de ser dramático! O menino é amigo dos nossos filhos e frequenta esta casa há meses!

O pai de Camila entrou na cozinha, e os dois calaram-se. Ela tinha o rosto ruborizado pela raiva. Dário deu a volta no balcão e pegou a garrafa térmica, enchendo, com calma, uma xícara de café. Sorveu um longo gole.

— Danilo... — disse, apoiando a xícara na bancada da pia —, com todo o respeito do mundo, esta casa é minha, rapaz. E decidi receber um amigo dos meus netos por tempo indeterminado. Isso não lhe diz respeito, certo? Agora, pare de encher o saco da minha filha, pegue seus filhos e tenha um ótimo fim de semana.

Dário pegou a xícara e saiu, tão calmamente quanto entrou. O rosto de Danilo ficou vermelho e ele saiu da cozinha irritado, chamando os filhos e batendo a porta ao sair. Depois de alguns minutos, Vinícius foi à cozinha e brincou com as maçãs que estavam na fruteira.

— Não queria causar nenhum tipo de briga. Já basta o que tenho em casa.

— Nem comece com isso. Danilo é um grande babaca, que não tem empatia por nada nem ninguém. Relaxe, pois meu pai e eu já cuidamos disso.

83

Ele sorriu.

— Obrigado. Vocês são sensacionais.

Camila retribuiu o sorriso, sentindo a tensão deixá-la. Foi até ele e abraçou-o, como faria com seu filho, depois de ele presenciar uma discussão. No início, Vinícius ficou tenso, mas depois deixou-se abraçar e envolveu o corpo dela com os braços, sentindo seu cheiro de cabelo recém-lavado. Ela era menor do que ele, magra e esbelta. Sua pele ainda tinha o perfume do hidratante que usara, e, por um momento, ele fechou os olhos e mergulhou o rosto entre seu pescoço e o ombro direito. Como se houvesse um reconhecimento daquele corpo, uma volta para casa, depois de tanto tempo longe.

Camila ergueu o rosto, e suas bocas estavam a apenas centímetros uma da outra. Assim como ele, sentiu a eletricidade correr por seu corpo e experimentou uma sensação incômoda de que queria desesperadamente aquele abraço há muito tempo, mais tempo do que seria capaz de se lembrar. Os dois, então, afastaram-se constrangidos, saindo da cozinha sem conseguir dizer nada.

No dia seguinte, Camila encontrou o pai fazendo o café e perguntou por Vinícius displicentemente.

— Ah, ele saiu cedo. Nem quis esperar o café. Acho que foi ver a mãe.

Eram 7h15 da manhã de um sábado, e levantar tão cedo era estranho até mesmo para um adulto, quanto mais para alguém que mal saiu da adolescência. Camila passou o resto da manhã entre o *notebook*, a TV e um livro que começara a ler havia mais de seis meses, mas que não conseguia terminar. Por volta das 14 horas, decidiu sair um pouco para respirar ar puro. Calçou os tênis de corrida e colocou os fones de ouvido. Escolheu uma *playlist* cheia de músicas de sua adolescência, bem ao estilo dos anos 1990. Sentiu a animação começar a tomar conta do seu corpo. Nada como ouvir Blink-182 para correr mais leve.

Correu até chegar à avenida, depois dobrou a esquina, em direção ao parque. Era pequeno para um parque municipal, mas muito bem-cuidado. Deu duas voltas e parou um pouco para recuperar o fôlego. Recostou-se em uma árvore, sentindo cada músculo protestar. Pouco à frente, estavam dois rapazes sentados no encosto de um banco, com os pés apoiados no assento. Reconheceu Vinícius, muito embora ele não a tivesse visto. Pensou em sair dali rapidamente, mas o outro rapaz chamou sua atenção. Tinha o cabelo raspado nas laterais da cabeça e uma grande tatuagem que começava na nuca, descia pelo pescoço e sumia debaixo da blusa preta. A mochila que ele carregava tinha uma máscara do filme *V de Vingança* estampada.

Cada vez mais, via aquelas máscaras. Na escola, eram vistas aos montes. Nas últimas semanas, tornaram-se comuns nos protestos contra o governo, em grandes passeatas que varriam as cidades do país. Parecia que os jovens estavam empenhados nas manifestações. Ela, contudo, tinha suas dúvidas quanto ao que estava por trás daqueles protestos. Sim, o país era assolado pela corrupção, mas era duvidoso todo aquele movimento político articulado e como os mais jovens pareciam estar comprando um discurso que não era tão espontâneo. Só não imaginava que Vinícius pudesse se interessar por algo assim. Nunca o vira discutir política.

Os dois jovens continuaram a conversar por alguns minutos, e depois Vinícius levantou-se, despedindo-se. Camila resolveu dar mais duas voltas no parque e depois voltou para casa. Entrou pela cozinha, buscando água gelada para se refrescar. Subiu as escadas e passou pelo corredor, vendo a porta do quarto de Pedro entreaberta. Viu que Vinícius estava sentado na cama, mexendo no celular.

— E aí? Onde estava essa manhã?

Ele tomou um susto e desligou rapidamente o celular.

— Fui dar uma volta. Pensei em ir até a minha mãe, mas achei melhor não.

— Eu te vi no parque.

Ele não alterou a expressão do rosto, o que a deixou mais aliviada. Talvez o amigo não fosse ninguém perigoso.

— Eu não te vi. Encontrei um amigo do meu antigo colégio. Coincidência. Ele se mudou para cá no mês passado.

— E ele é legal?

Vinícius deu de ombro.

— Meio encrenqueiro, mas nunca me fez nada.

— Parecia um daqueles *black blocks* que vemos nesses protestos que estão pipocando por aí.

Ele sorriu, o que confirmou sua primeira impressão.

— Ele é mesmo um *black block*?

— É, ele vai a esses protestos. Inclusive, me chamou para participar de um amanhã.

— E você disse não, não é?

Ele ficou um tempo quieto, e Camila sentiu-se incapaz de decifrar o que estava pensando.

— Disse que iria pensar.

Camila sentou-se ao lado de Vinícius; quase podia sentir aquela mesma eletricidade de quando se abraçaram. Era como se a pele dele a chamasse. Controlou-se, por fim.

— Vinícius... esses protestos estão ficando violentos. Por favor, não se meta com isso.

Ele sorriu.

— Agradeço sua preocupação, mas *tô* precisando de uma distração, saca? E esse cara parece maluco, mas é gente boa. Eu só quero sair um pouco para esquecer os problemas, esquecer esses... pensamentos que passam pela minha cabeça.

Vinícius falou isso olhando diretamente nos olhos de Camila e pousou a mão sobre a dela. Suspirou forte e levantou-se rápido. Riu sem graça e passou a mão pelos cabelos, que caíram desalinhados sobre a testa. Camila levantou-se também, confusa. Será que ele estava falando o que ela estava pensando?

— Ontem, tive um sonho muito estranho — disse ele, olhando para a janela. — Estávamos nós dois, mas não éramos nós, pelo menos não na aparência. — Voltou-se para Camila, esquadrinhando seu rosto com os olhos inquietos. — Você tinha cabelos loiros e usava um vestido meio antiquado. De repente, ouvimos um barulho muito alto, e parecia que o teto estava caindo sobre nós. Acordei assustado, mas é como se ainda pudesse ouvir o choro de crianças.

— Crianças?

Ele sorriu, parecendo sair da lembrança daquele sonho.

— Sim, havia duas crianças com a gente. Estranho, né?

Camila assentiu com a cabeça. "Você nem imagina o quanto", pensou.

Vinícius saiu depois do almoço no domingo, apesar dos protestos de Camila. Iria participar de uma manifestação na Avenida Paulista, mas garantiu que não ficaria perto da confusão, caso houvesse uma. Quando ela perguntou contra o que ele iria protestar, o jovem sorriu, porém, não respondeu.

As horas passavam devagar, e Camila trocou mensagens com a filha, que reclamava da nova namorada do pai, chamando-a de "pretensiosa e enjoada". Riu, suspeitando que aquilo fosse puro ciúme. De repente, percebeu que ela mesma não tinha mais nenhum sentimento de ciúme pelo ex-marido. No início do divórcio, mesmo que a iniciativa houvesse partido dela, ainda sentia ciúme quando ouvia que Danilo estava saindo com outra mulher. Agora, tudo o que desejava era que ele encontrasse alguém que o fizesse feliz, até porque gente feliz não enche o saco de ninguém.

Camila olhou para o relógio, que marcava 20 horas. Digitou rapidamente uma mensagem para Vinícius, perguntando se ele já estava voltando. Ligou a TV e zapeou pelos canais. Deteve-se na *Globo News*, que mostrava ao vivo os protestos na Avenida Paulista. Parou de respirar no mesmo instante. Uma confusão de bombas de efeito moral, gás, paus e pedras na tela. O Batalhão de Choque da Polícia Militar avançava sobre os manifestantes. Havia pessoas machucadas, sangrando, sendo arrastadas pelos policiais para os camburões. Ligou para Vinícius, mas ele não atendeu. Tentou mais duas vezes e sentiu um nó no estômago. Pegou a bolsa e as chaves do carro.

— Pai! Temos de sair agora!

No caminho, a mãe de Vinícius ligou. Sua voz falhava a cada palavra. Estava nervosa e soluçava. Receberam uma ligação que o jovem estava em uma delegacia e fora detido durante o protesto. O marido dela saiu "para resolver o problema" e a deixara trancada em casa.

— Estou desesperada, Camila. Ele não me deixou ir junto. Não sei o que Marcos fará com Vinícius se ele o tirar da delegacia.

Camila desligou o telefone e pisou no acelerador. Procurou no Waze a delegacia que Helen indicara e viu que estava a 15 minutos dali. Dário também tinha o semblante preocupado.

Entraram no prédio frio, abarrotado de gente procurando seus parentes presos durante o protesto e de jornalistas em busca de informações. Foi até o balcão e perguntou por Vinícius, dizendo ser uma amiga da família.

— Amiga da família? Não me lembro de você.

Aquela voz era cortante, fria como o aço. A mesma voz que ouvira nas imersões e povoava seus pesadelos mais sombrios. Virou-se e viu um homem muito mais alto que ela, corpulento e com a cabeça raspada. As orelhas eram massas inchadas, e o nariz já parecia ter sido quebrado algumas vezes. Os olhos eram de um cinza pálido, muito claro, que contrastava pouco com a cor da pele rosada. Era o rosto de uma pessoa perigosa. Os lábios finos tinham um sorriso estranho. Camila sentiu cada pelo do corpo arrepiar-se e uma grande vontade de fugir dali.

— Meu nome é Camila. Sou a mãe do Pedro, amigo do Vinícius.

O sorriso alargou-se um pouco mais.

— Você é bem jovem para ser mãe de um rapaz de dezessete anos.

— Dezesseis.

— Mesmo assim. — Ele olhou-a de cima a baixo, parando um pouco na linha dos seios. Camila cruzou os braços, apavorada com aquele homem. — Você me parece bem jovem.

— Onde está Vinícius?

Ele revirou os olhos, parecendo impaciente.

— Esse moleque sempre foi um problema. Falo isso para a mãe dele, mas ela não me dá ouvidos. Cedo ou tarde, iria parar atrás das grades.

Camila sentiu a raiva dele vibrar em cada uma das palavras. Era assustador ver o ódio que ele tinha do enteado. Estava quase pulando de alegria por vê-lo naquela situação.

— Mas do que o acusam?

Um homem de meia-idade e que vestia um terno amarrotado aproximou-se. Parecia cansado e irritado com toda aquela algazarra na delegacia. Camila apresentou-se brevemente ao delegado, perguntando por Vinícius e ignorando o olhar furioso de Marcos.

— Desculpe, mas o Marcos é o responsável pelo garoto.

— Eu sei, mas ele está morando na minha casa nos últimos dias. E eu só sairei daqui quando souber que ele está bem.

Marcos empertigou-se, irritado com o último comentário de Camila. Por certo, ele não havia revelado ao delegado que o enteado não estava vivendo no mesmo teto que ele no último mês. Fez um gesto com a mão, permitindo que o amigo falasse sobre o caso na presença dela.

— Ele foi detido sob a acusação de depredação do espaço público. — O delegado olhou para Marcos, incerto do que deveria dizer em seguida, mas pareceu cansado demais para entrar naquele jogo de gato e rato. — No entanto, testemunhas já disseram que ele não estava metido na confusão. Aparentemente, ele tentava convencer um colega a sair do local, mas o tal amigo não queria. Foi quando o Choque levou todo mundo preso. Várias pessoas atestaram que Vinícius é inocente.

Marcos olhava para o delegado com um ódio velado. Aparentemente, sua alegria de ver o enteado preso fora frustrada dessa vez. Camila adiantou-se, perguntando se poderia levar Vinícius embora, já que tudo havia sido esclarecido.

— Ele não vai com você; ele vem comigo. Você não é da família.

Os olhos de Marcos pareciam injetados, vermelhos e brilhantes, diferentes do tom opaco de segundos atrás. As veias de seu pescoço estavam saltadas. Ela ficou com medo, imaginando o que Vinícius passaria a sós com aquele homem. Olhou para o pai, em busca de ajuda para construir um argumento forte o suficiente para tirar o garoto daquela situação.

— Eu vou com a Camila.

A voz de Vinícius atravessou a discussão. Um policial o estava escoltando, e ele parecia cansado, mas não com medo.

— Você não decide isso, moleque! — disse Marcos, entredentes.

Vinícius ergueu o queixo e deixou escapar um sorriso.

— Eu vou para onde bem entender. Sou maior de idade, esqueceu? Aliás, fiz dezenove anos hoje. Mas é claro que você não ia se lembrar disso, não é?

A raiva tomou o rosto de Marcos, deixando-o vermelho como um tomate. As veias do pescoço ficaram ainda mais inchadas, e ele parecia a ponto de explodir. O pai de

Camila adiantou-se, tomando o braço de Vinícius e dirigindo-se ao delegado:

— Ele já está liberado?

O delegado fez que sim, mais preocupado com o caos instaurado no distrito do que com aquela disputa de quem iria dar carona para o moleque baderneiro. Camila passou o braço pela cintura de Vinícius e praticamente o empurrou para fora do lugar, sob o olhar de Marcos. Apressaram o passo para o estacionamento e entraram no carro rapidamente, como se o próprio diabo estivesse ao encalço deles. Quando finalmente deu a partida e dirigiu por alguns quarteirões, permitiu-se respirar normalmente.

— Hoje é seu aniversário?

Camila perguntou, olhando pelo espelho do retrovisor. O jovem, que estava no banco de trás, sorriu e fez que sim. Dário riu, batendo palmas:

— Então temos que passar na padaria e comprar um bolo, não?

Quando voltaram para casa, Heloísa e Pedro já haviam chegado.

— O pai ficou puto porque não tinha ninguém em casa — disse Heloísa rindo. — Mas confesso que até eu achei estranho não ter ninguém aqui, em pleno domingo à noite.

Dário, Camila e Vinícius entreolharam-se e, por fim, acabaram contando tudo o que havia ocorrido.

— Caraca, hoje é seu aniversário e você não me contou! Como assim?

Para Pedro, toda a confusão do protesto, a prisão e a ameaça de Marcos eram secundárias nessa história. Vinícius riu, sentindo a tensão aliviar.

— Mas não vamos deixar isso passar em branco! Olha o bolo!

Dário tirou o bolo da caixa e colocou-o em cima do balcão. Heloísa foi até a gaveta onde guardavam velas e fósforos.

Não achou nenhuma com o número nove, então, acendeu apenas uma vela em formato de um, e todos cantaram um parabéns bem barulhento. Vinícius parecia perdido, sem saber o que fazer. Camila perguntou-se quando teria sido a última vez que ele havia tido uma festa de aniversário.

— Assopre e faça um pedido! — disse Heloísa.

Vinícius olhou para Camila e sorriu. Fechou os olhos por dois segundos e depois apagou as velinhas.

Andava com dificuldade. Havia pelo menos 10 centímetros de neve fofa e mais caía do céu naquela noite. O branco era pontuado pelas casas e pelos prédios semidestruídos ao longo do horizonte da cidade, e o silêncio era cortado vez ou outra pelo som longínquo dos canhões e das metralhadoras.

O vento cortante castigava seu rosto já machucado pelo frio. A barba loira estava congelada, e os cílios compridos também haviam virado gelo. O estômago parecia colado às costas, e era difícil até respirar. Abraçou-se ao casaco, que estava cheio de rasgos e remendos, tentando não pensar que estava no limite e que a qualquer momento poderia morrer de inanição. Não quando estava tão perto. Reconheceu a pequena casa em meio às sombras e árvores. Das frestas da janela escapava a luz de uma vela que era suficiente para apontar o caminho. Ela prometera que manteria sempre uma acesa, e ele sabia o quanto isso deveria ter-lhe custado em meio à miséria da guerra. Apressou o passo, e as botas encharcadas chiaram com mais aquele esforço.

Juntando todas as forças que ainda tinha, bateu à porta. Hannah abriu uma pequena fresta. Seus olhos verdes estavam cansados, mas, assim que o reconheceu, viu as lágrimas caírem em profusão. Agarrou seu casaco e puxou-o

para um longo abraço, fechando a porta atrás deles e cobrin-
do seu rosto congelado de beijos quentes.

Ele pediu-lhe que fizesse silêncio, que aquela não era
uma volta, mas sim uma fuga. "Deserção?", ela perguntou.
Ele fez que sim, envergonhado. Então, ela tomou o rosto dele
com as mãos quentes e beijou-o longamente. "Nunca estive
tão orgulhosa de você como agora", ela sussurrou. Lágrimas
vieram aos seus olhos, apesar de ele achar que nunca mais
seria capaz de chorar de novo.

Perguntou pelos filhos, e ela levou-o pela mão até
o quarto em que as crianças dividiam a cama. Estavam gran-
des. Onde estavam os bebês que deixara havia quatro anos?
Olhou para Hannah e viu que, apesar tudo, ela era agora
uma mulher ainda mais bela do que antes. Ela ajudou-o a
tirar o pesado casado salpicado pela neve e o uniforme esver-
deado, com o emblema do exército alemão em forma de uma
águia prateada estilizada.

Vinícius acordou ainda sentindo as mãos daquela mulher em seu rosto e seus beijos. Sentou-se na cama e ouviu
Pedro roncar no beliche de cima. Ele sempre teve sonhos
elaborados, mas, ultimamente, aquele era um cenário recor-
rente. Não apenas isso. Tudo era muito real, a ponto de ele
achar que não era imaginação, e sim uma espécie de memória.
E Hannah? Era esse mesmo o nome? O amor que tinha por
aquela mulher era como o ar que respirava. Levantou-se e foi
até o corredor. Passou pela porta do quarto de Heloísa e parou
em frente ao de Camila. Encostou a testa e ficou um tempo ali,
apenas respirando, tentando acalmar as batidas do coração.
Ainda sentia o ar gelado daquela noite entrando em seus pulmões. E sentia os beijos de Hannah e o perfume de sua pele.

6.

O MERCADO
DE DRESDEN

Hannah arrumava as frutas no grande tabuleiro, enquanto seu pai descarregava mais uma caixa. As batatas, entretanto, estavam mirradas e machucadas. Não eram nem de perto as que costumavam vender naquele mercado, mas eram o melhor que conseguiam naquelas circunstâncias. Esfregou as mãos no avental. Estavam vermelhas pelo frio. Os raios de sol tentavam avançar contra as nuvens pesadas, contudo, não conseguiam quebrar a barreira, tornando o dia cinza e ainda mais gelado. A neve que caíra durante toda a noite recobria o chão como um tapete branco, que agora era marcado pelos passos das pessoas, transformando-se em uma mistura de água gelada e lama.

Viu Heidi e Peter brincando perto da Frauenkirche, que lançava sua enorme cúpula contra o céu de chumbo. A catedral barroca tomava boa parte da praça onde o mercado era montado todos os dias. Seu pai trouxe a última caixa e apoiou-se na bancada para tomar um ar. Seus cabelos estavam totalmente brancos, e a pele havia perdido o viço. Estava magro e com aspecto cansado. Velho. Pela primeira vez, via seu pai como um homem velho, apesar de ele ter apenas sessenta e um anos.

— Descanse um pouco, pai. Eu termino de arrumar tudo.

— Só estou tomando um ar.

Ele sorriu, apesar de tudo. Apesar dos últimos meses de incertezas, de medo e até da fome que rondava a cidade. Já haviam perdido diversas vezes a mercadoria, confiscada pelo exército, e ficaram reduzidos a pão duro e água por dias. Suspirou, tentando afastar os pensamentos de Rainer. Onde estaria agora? A última carta dizia estar na fronteira com a Rússia, mas isso já fazia meses. Olhou em volta e viu poucas bancas montadas. Havia pouco de tudo, na verdade. E não tinham nada armazenado para o inverno.

Peter aproximou-se esfregando os olhos, chorando e acusando a irmã de bater nele com um pedaço de pau. A menina defendeu-se, mas não convenceu muito com seus argumentos. A mãe determinou que ambos ajudassem a vender batatas e ficaram decepcionados quando foram informados de que não poderiam ficar com nenhuma. A frágil economia familiar proibia aquele pequeno luxo. Logo os empregados da elite da cidade viriam buscar e disputar o que tinha de melhor no mercado. Torciam os narizes para a mercadoria, mas, como não havia outras opções, levaram até a última. Hannah suspirou, aliviada. O dinheiro, embora pouco, ajudaria a comprar grãos. Desmontaram tudo no início da tarde, quando a neve voltou com mais força, cobrindo tudo rapidamente de branco.

Voltaram para casa, onde a mãe dela cozinhava uma sopa de repolho rala. O cheiro, no entanto, era delicioso. Ao longe, ouviu um canhão. Até pouco tempo atrás, a guerra era algo mais distante. Primeiro, vieram a falta de alimentos e de energia. Depois, coisas básicas como velas, óleo e até lenha começaram a rarear. Agora, era comum ouvir bombas mais próximas a cada dia. Foi até a pequena mesa de canto, onde algumas fotos descansavam, e pegou a fotografia de seu casamento com Rainer. Acariciou o papel com o coração apertado de saudade. Ele estaria bem? Quando o marido foi convocado, tentou em vão impedi-lo de ir. Não era um soldado; era um trabalhador comum. Mas contra o exército não havia argumentos. Precisavam de mais homens nas trincheiras, e, em apenas dois dias, Hannah viu seu marido metido em um uniforme, com um fuzil no ombro, embarcando em um trem rumo a Berlim. Depois seria destacado para o *front* em algum lugar da gelada Rússia, onde soldados alemães eram mortos aos montes, mais de frio e fome do que por balas. A última carta chegara havia quatro meses, em que ele relatava que estava bem. Mas, por trás daquelas palavras, sentia que havia algo mais. Medo, talvez?

Olhou para a janela. A neve acumulava-se rápido. Em outras épocas, teria chamado a família para ver o chão e os telhados das casas totalmente cobertos com o tapete branco, mas hoje só pensava que o pai de seus filhos não estava ali. E havia muito tempo que não estava. Abraçou-se, sentindo os próprios braços magros e enxugou com as costas das mãos uma lágrima teimosa. Abriu uma pequena gaveta, pegou uma vela e acomodou-a no suporte de ferro, riscando um fósforo em seguida. Como todas as noites, fez uma prece pela saúde e segurança de Rainer. No entanto, pela primeira vez, sentiu a fé vacilar. Estaria rezando para um fantasma? Deixou a vela no parapeito da janela e subiu para o quarto, onde as crianças e ela dividiam a cama. Ao longe, ouviu o ruído abafado dos canhões.

A neve acumulava-se nas ruas, e o vento frio castigava a cidade. As notícias da guerra eram devastadoras. Mortes aos milhares. Soldados voltavam mutilados ou, simplesmente, nunca retornavam. Boatos corriam de que o cerco ao Reich estava se fechando e que a Alemanha seria derrotada pela segunda vez em um conflito de escala global. A carnificina nos campos de concentração era cada vez mais acentuada e a perseguição àqueles que se opunham ao regime era implacável. Hannah apertou o passo, encolhendo-se sob o casaco. Fora até a prefeitura esperar numa longa fila, com o frio a enregelar os ossos, sua vez de pegar a ração da semana para a família. O inverno impossibilitava o mercado. Já não havia comida e aquecimento na cidade. Tudo o que tinham era aquela ração mofada que mal dava para todos se alimentarem durante a semana. Ao entrar em casa, o frio estava menos intenso do que lá fora, mas, ainda assim, o ar gelado era incômodo. Não havia mais lenha, e sua mãe tossia à beira do fogão, lutando com os pequenos pedaços de carvão para cozinhar um coelho magro que seu pai conseguira pegar na mata ao redor da cidade havia dois dias. Era a primeira carne que comeriam nas últimas três semanas. A porta abriu-se, trazendo um vento cortante.

— Não tive sorte hoje.

O pai ergueu o saco de estopa vazio, com uma expressão triste no rosto, enquanto guardava a espingarda no canto da sala. Hannah sorriu, mas o estômago não parecia tão generoso quanto sua mente. O coelho teria de dar para os próximos dois ou três dias, e isso significava sopas ralas e insuficientes para a família. A luz do dia ficava cada minuto mais fraca, e, no meio da tarde, o sol já havia sido encoberto completamente. Ouviu as crianças no andar de cima. Seus passos fazendo a madeira ranger e os risos em meio àquele cenário triste fizeram-na sorrir involuntariamente. Foi até a mesinha que ficava defronte à janela da pequena sala, abriu a gaveta e pegou uma vela. Era a última e não havia mais dinheiro para comprar outras. Suspirou, fazendo a prece costumeira, pela saúde de Rainer. Riscou o fósforo e viu a chama subir e depois se acalmar, tocar o pavio e estabilizar. Lá fora, a neve caía, cada minuto mais forte.

— Boa noite, *meine liebe*[4].

---

4 Meu amor.

O relógio cuco, herança de família que teimavam em não trocar por comida, marcava três da manhã, quando Hannah ouviu o som de batidas leves na porta. Estava enrolada em uma manta de lã na poltrona e não percebera que dormira ali, olhando a vela queimar e pensando no marido. Arrastou os pés gelados até a porta e ouviu novamente o toque suave, quase inaudível. Abriu uma pequena fresta e levou um segundo para reconhecê-lo. Estava magro, pálido, com os lábios arroxeados e as maçãs do rosto encovadas. A pele parecia ser não mais do que uma camada fina sobre um esqueleto. A barba loira estava congelada. Não entendia como ele estava ali, parado à porta, mas não queria perder tempo com detalhes. Puxou-o para si, enquanto chorava em profusão, depositando beijos quentes naquela pele fria. Fechou a porta, enquanto ele lhe pedia com gestos que não fizesse barulho. Não era uma volta.

— Deserção?

Rainer fez que sim, levando os olhos ao chão, o orgulho em pedaços. Hannah levantou o rosto dele com as mãos e encostou seus lábios nos do marido por muito tempo, até que ele deixasse de tremer, de frio ou de tristeza.

— Nunca estive tão orgulhosa de você como agora.

Não havia mais como segurar as lágrimas, e ele enxugou-as com a manga do casaco sujo.

— Nossos bebês?

Ela pegou-o pela mão e guiou-o até o segundo andar, onde ficava o quarto. As crianças estavam na cama, e Rainer não conseguiu reconhecê-las. Onde estavam aqueles bebezinhos, que deixara havia quatro anos? Sua Heidi parecia uma boneca, com o rosto suave e lábios cheios, como a mãe, o mesmo tom de loiro-escuro nos cabelos espalhados no travesseiro. E quanto a Peter, nem se quisesse, poderia adivinhar que aquele menino era seu. Quando Rainer foi convocado, ele tinha apenas um ano. Agora tinha cinco, o rosto de um pequeno estranho, embora pudesse ver alguns de seus traços ali. Quanto tempo perdido... Olhou para Hannah e a viu ainda mais bela do que antes, apesar de tudo. Seus olhos esverdeados estavam cansados e vermelhos de lágrimas, mas, ainda assim, era a mulher mais linda que ele já vira.

Ela ajudou-o a tirar o casaco salpicado de neve e o uniforme e viu, não sem que seu coração se contraísse, que o corpo de Rainer estava magro e cheio de feridas. Trouxe uma antiga camisa de flanela vermelha e um par de calças, que ficaram muito largos nele, mas eram suficientes para passar a noite. Sentou-se na cama e estendeu a mão para o marido, que novamente precisou enxugar uma lágrima teimosa no canto do olho.

— Venha dormir, meu amor. Amanhã, pensaremos no que fazer.

— Alguém o viu chegar?

O sogro interpelava-o, assustado, enquanto Rainer comia devagar, sentindo uma dor excruciante no lado esquerdo do maxilar. Um de seus dentes estava quebrado e inflamado, mas aquilo era algo a que já estava acostumado. Comia tão pouco nos últimos meses que era fácil esquecer-se da dor. Mas, agora, cada colherada de mingau que levava à boca era o suficiente para querer arrancar o dente a marteladas.

— Não. Estava muito escuro, e eu fui cuidadoso. Mesmo assim, este é o primeiro lugar em que vão me procurar. Preciso sair de Dresden o quanto antes.

O velho recomeçou a andar, pensativo. Já não tinham dinheiro, e todos os vizinhos reconheceriam Rainer assim que ele saísse às ruas. O que fazer? Olhou para o genro e não conseguiu conter a pergunta que martelava sua cabeça havia horas:

— Por quê?

Rainer suspirou e apoiou-se no respaldo da cadeira. Era uma pergunta justa, afinal.

— Meu coronel se chamava Klaus, um homem muito cruel. Não sei se a guerra o tornou assim, mas arrisco dizer que ele sempre foi mal. Sabe? Alguém que tem prazer em matar, em machucar os outros...

Rainer interrompeu a fala, tentando afastar as cenas grotescas que fora obrigado a presenciar. Homens que tiveram seus membros mutilados, surrados até a morte, mulheres estupradas, famílias inteiras queimadas vivas, apenas porque Klaus decidira que aqueles eram inimigos. Não podia dizer nada nem ajudar, pois isso lhe custaria a própria vida. Continuou:

— Estávamos na divisa com a Polônia, e o inverno estava cada vez pior. Não havia comida nem munição suficientes. O Exército Vermelho estava cada dia mais perto e havia resistência da população, que não parava de nos atacar e roubar nossos suprimentos. Em uma patrulha, conseguimos prender um grupo de moradores que estava saqueando nossas reservas. — Rainer parou por um instante, olhando para a lareira, onde o pouco carvão ardia. — Eram crianças. Cinco meninos com, no máximo, dez anos. Estavam famintos, esqueléticos. Klaus mandou que fizessem uma fila em frente a um muro... e ordenou que eu atirasse neles. — Rainer suspirou pesado, revivendo a cena. — Não consegui. Disse que não iria matar crianças, que aquilo era barbárie. Então, eu atirei, não nos meninos, mas no chão, nos pés de meus companheiros. As crianças tiveram tempo de sair correndo, desaparecendo nos prédios abandonados e becos, mas eu fui subjugado e preso. Jogaram-me em uma cela improvisada em um antigo hospital, em um quarto gelado. Então, uma noite, abriram a porta, e eu escapei. Não sei o que aconteceu a quem tentou me ajudar. Isso foi há três meses. Eu caminhei por florestas e cidades abandonadas até chegar aqui. Mas sei que não posso ficar. Eu vim para me despedir.

Hannah levantou-se da cadeira e passou a mão magra pelo ombro do marido. O que fariam? Já não tinham dinheiro e não tinham parentes ou amigos a quem pedir ajuda. Rainer levantou-se também, abraçando-a ternamente, querendo congelar aquele momento para sempre. As crianças, ainda sonolentas, desceram as escadas, deparando-se com aquele homem estranho abraçado à mãe. Rainer ajoelhou-se diante delas, que o olhavam com um misto de curiosidade e medo.

— Não me reconhecem?

Sua voz era triste, porque sabia que seu rosto sumira das lembranças de seus filhos. O menino escondeu-se atrás da irmã, mas ela observou o rosto do homem com atenção. Tocou-o com cuidado e apreensão, passando os dedinhos finos pela pele do rosto de Rainer, desconfiada. Depois, beliscou com ambas as mãos as bochechas dele, esticando a pele, forçando um sorriso. Então, ela sorriu.

— Você voltou.

Heidi atirou-se nos braços do pai, que era seu porto seguro e que, enfim, havia retornado. O irmão ainda olhava a cena desconfiado, mas logo achegou-se porque o cheiro do homem era-lhe muito familiar. Ficaram um tempo ali, todos em silêncio escutando o carvão estalar na lareira. Rainer levantou-se, tirou um pedaço de papel do bolso da camisa e estendeu-o para a esposa.

— Leia depois, quando eu já estiver longe. Guarde sempre com você, pois assim estarei por perto.

Hannah pegou o papel amassado e segurou-o entre os dedos, quando seus próprios estremeceram. Guardou o papel no bolso do casaco e abraçou Rainer com força, chorando copiosamente, implorando para que ele não fosse e dizendo que dariam um jeito. Ele segurou-a firme pelos braços e afastou-a sem dizer nada, porque sua voz estava presa na garganta.

Pegou a pequena trouxa de roupa e a comida que havia juntado e abriu a porta, quando uma sirene alta ecoou pela cidade. Ele virou-se rápido e fechou a porta.

— Bombardeio!

Ao longe, uma tropa aproximava-se. Um soldado trouxe uma prancha para perto do passageiro do jipe militar, entregando-a para o coronel. Ele leu rapidamente e passou-a ao soldado que guiava o veículo.

— Quero-o preso até o final da manhã!

— Sim, senhor.

A campanha havia fracassado. Haviam sido escorraçados pelo Exército Vermelho e arrastavam-se de volta à Alemanha como cães. Tudo estava perdido, e a guerra estava no fim. Era questão de dias. Logo estaria preso por seus crimes militares. Mas, antes de tudo acabar, aquele soldado iria morrer por insubordinação. Sorriu, mostrando os dentes finos e os caninos afiados, fazendo os olhos de um cinza pálido, muito claros, ficarem ainda mais sombrios no rosto descorado, marcado por profundas cicatrizes.

7.

A GAROTA COM O CABELO ROSA

Camila levantou-se com dor no ombro, que latejava, com os pés gelados e um gosto amargo na boca. Sonhara aleatoriamente com navios afundando, com lápides sendo castigadas pela chuva e com um zumbido forte, como o de uma sirene ecoando. Sua cabeça rodava. Estava confusa e sentia um peso enorme no peito. Desceu as escadas e deu de cara com Vinícius terminando de fazer café.

— Bom dia.

Ele virou-se, tomou um gole da xícara e sorriu. Vestia uma camiseta branca amarrotada e tênis encardidos, mas parecia tão bonito que Camila teve vontade de abraçá-lo. Serviu-se de uma xícara, sentindo o calor espalhar-se pela garganta e a sensação aconchegante de tomar um café fresco.

— Temos que sair logo. Vamos nos atrasar.

Camila fez que sim com a cabeça, chamou por Pedro e Heloísa e ouviu a filha dizer que já estava de pé. Pedro, contudo, continuava roncando, apesar de o despertador tocar estridente há pelo menos cinco minutos. Colocou a xícara na pia.

— Quais são seus planos para o futuro, Vinícius?

Ele pensou por um instante.

— Ir embora daqui. Com minha mãe.

— Com que dinheiro?

Ele balançou a cabeça devagar.

— Essa é uma boa pergunta. O que eu ganho em meu emprego paga apenas a mensalidade do colégio. Já perdi dois anos, preciso terminar o ensino médio de qualquer maneira. Até pensei em ir para uma escola pública para economizar, mas falta tão pouco...

— Seu padrasto não está pagando seus estudos?

Vinícius riu, achando a pergunta realmente divertida.

— Não, já faz uns meses, desde que saí de casa. Mas, como arrumei um emprego de meio período, conversei com o diretor do colégio para me dar um desconto. Pensei que você soubesse.

— Não sabia.

— Consegui vender umas coisas que estavam com minha mãe... *video game*, bicicleta e outras coisas... Com isso e com um dinheiro que ela me deu, consegui finalmente tirar habilitação e comprar uma moto. Vou pegá-la daqui a dois dias e assim conseguirei fazer bicos de entregador à noite e nos fins de semana.

— Uma moto? — Camila controlou a vontade de dizer "nem pensar", afinal ele já era maior de idade e ela não era sua mãe. No entanto, a visão de Vinícius em cima de uma moto à noite era apavorante. — Tem certeza disso? É muito perigoso, e você não precisa se preocupar com dinheiro agora...

Ele interrompeu.

— Preciso sim, Camila. Faltam apenas alguns meses para as aulas no colégio acabarem, e já falei com meu patrão sobre um emprego em tempo integral. Assim, conseguirei pagar um quarto em uma pensão e tentar me estabelecer melhor, juntar uma grana. Aí, pegarei minha mãe e sumirei no mundo. Marcos nunca mais vai pôr os olhos na gente.

— E você não pensa em fazer uma faculdade?

Vinícius franziu o rosto, como se o que ela tivesse dito não fizesse nenhum sentido.

— Não. Quer dizer, isso não é prioridade agora.

— Conversei com a direção da escola, e você tem um desempenho bem acima da média. Na verdade, você tem potencial para entrar em qualquer universidade pública, até mesmo uma estrangeira. Devido ao seu problema familiar... bem, conversamos e queremos tentar uma bolsa em uma universidade em Dublin. O colégio tem uma parceria, e você foi escolhido. Está interessado?

Claramente pego de surpresa, Vinícius ficou em silêncio. O emprego na distribuidora não rendia muito, mas, depois que se tornasse integral, poderia sustentá-lo, além dos bicos como entregador. Poderia demorar um pouco, mas certamente conseguiria juntar dinheiro para tirar sua mãe daquela situação. Ir para Dublin significava deixá-la para trás.

— Não.

Camila não sentiu qualquer traço de dúvida na voz dele, embora o rapaz comprimisse os lábios com força.

— Vinícius, pense bem... Você estaria em uma das melhores universidades da Europa, com todas as despesas pagas e, em poucos anos, teria um diploma na mão e a liberdade que tanto quer. Isso não vale a pena?

— Não, se minha mãe ficar aqui sozinha com Marcos por quase quatro anos.

— Eu entendo... mas poderia ajudar mais se tivesse um futuro garantido, sabe?

Ele deu um passo na direção dela, fechando as mãos em seus braços e segurando-a firme.

— Você não entende, Camila... Ela não tem quatro anos! Eu estou correndo contra o tempo. Ele vai matar minha mãe, e isso não vai demorar a acontecer. Se eu precisar trabalhar em três empregos diferentes para juntar uma grana, eu vou. Mas não vou abandonar minha mãe. Nunca!

— Eita, o que tá acontecendo?

Ao ouvir a voz de Heloísa, Vinícius soltou os braços de Camila e afastou-se rapidamente.

— Nada... esse teimoso não quer uma bolsa em uma universidade em Dublin. Estava tentando convencê-lo.

— O quê? Como assim não quer?

Vinícius pegou a mochila que estava no chão da cozinha e pediu licença, dizendo que iria a pé para o colégio. Camila explicou a situação à filha, que ficou um tempo quieta, mexendo o achocolatado no copo de leite. Tomou um gole, fez uma careta e colocou mais uma colher generosa do pó no copo, voltando a mexer o líquido.

— Eu entendo o que ele quer fazer. Tem a vida inteira para fazer a faculdade, né? Mas a mãe dele precisa de ajuda agora, e eles não têm mais ninguém para quem pedir ajuda. Tudo depende dele. É uma situação muito difícil.

Camila pensou no que a filha falou. Se quisesse mesmo ajudar Vinícius, teria primeiro que ajudar Helen.

Vinícius pegou o violão, enquanto uma roda de alunos se formava. As aulas de música eram as mais esperadas das sextas-feiras, e o professor sempre deixava tocar o que quisessem nos minutos finais. Sentiu o instrumento como um velho amigo, dedilhando com calma as cordas, lembrando-se das aulas que fizera quando era criança.

— Toca Rauuuuul!

Os risos seguiram-se, e houve vários pedidos, mas Vinícius tinha uma música em mente.

— Tem uma música... meio antiga, de que eu gosto muito. Tenho ouvido muito ela ultimamente.

O início da melodia era desconhecido para a maioria, mas era incrivelmente irresistível.

Seus olhos e seus olhares
Milhares de tentações
Meninas são tão mulheres
Seus truques e confusões
Se espalham pelos pelos
Boca e cabelo
Peitos e poses e apelos
Me agarram pelas pernas
Certas mulheres como você
Me levam sempre onde querem.

Camila passava pelo corredor quando ouviu a música, uma daquelas que lembrava o início de sua adolescência, quando era apenas uma menina cheia de sonhos e medos. A porta da sala de música tinha uma pequena abertura de vidro, e era possível ver a roda de alunos e Vinícius com o violão ao centro. Os meninos trocavam provocações, e as garotas tinham os olhos grudados nele. Camila suspirou. Com certeza, podia entendê-las. Estava lindo, com seu cabelo bagunçado, pulseiras de couro no pulso, camiseta e jeans, o rosto já de homem e uma voz aveludada. Uma das meninas, com o cabelo pintado de rosa, cochichou com a amiga ao lado, trocando sorrisos. Então, Vinícius ergueu os olhos e viu Camila observando-o da porta. Ele não parou de cantar e fixou seu olhar nela.

Garotos não resistem
Aos seus mistérios
Garotos nunca dizem não
Garotos como eu
Sempre tão espertos
Perto de uma mulher
São só garotos.

Por alguma razão, Camila não conseguiu desviar o olhar, como sempre fazia. Ficaram ali, encarando-se, com a música entre eles, parecendo dizer o que sempre queriam ter dito. Ele sorriu, e sua voz foi ficando um pouco mais rouca. Camila sorriu de volta e afastou-se pelo corredor, mas ouviu os alunos o aplaudirem e alguns dizendo que ele estava "apelando" e que assim "iria pegar todas as meninas". Dentro da sala, a garota do cabelo rosa aproximou-se.

— Nunca tinha ouvido essa. Adorei a música.

Vinícius sorriu, enquanto guardava o violão na capa.

— Minha mãe gosta muito de *rock* nacional.

Ela aproximou-se mais, tocando de leve no braço de Vinícius.

— A gente podia marcar um dia pra você fazer uma apresentação lá em casa. Só pra mim.

Vinícius não esperava por isso. Arregalou os olhos e gaguejou que não tinha violão. Ela riu, espalmando as mãos em seu peito, claramente se divertindo.

— Não vamos precisar de violão.

Ela tirou o celular da mochila e digitou rapidamente uma mensagem.

— Te mandei meu endereço. Meus pais vão pra uma festa de casamento nesta sexta e só voltarão no sábado à tarde. Vou ficar sozinha... Se quiser passar por lá, estarei te esperando.

A garota afastou-se com as amigas, enquanto Pedro se aproximava dele com um sorriso, impressionado.

— Ca-ram-ba! Se eu soubesse que era só tocar violão para conseguir pegar a Giovanna, eu teria me dedicado mais às aulas.

— Eu não vou.

— Como assim não vai? Uma gata dessas lhe dando o maior mole! Pelo amor de Deus! Você vai sim!

Vinícius deu de ombros.

— Ela não é meu tipo.

Pedro passou o braço pelo ombro do amigo, fazendo-o sentar-se na primeira cadeira que viu. Pôs as duas mãos nos ombros de Vinícius e olhou nos seus olhos com expressão séria.

— Escute aqui, rapaz, tem uma menina querendo ficar com você. Que te convidou pra ir à casa dela. Os pais vão estar fora. O que mais você quer da vida?!

Vinícius riu, mas não conseguia tirar a imagem do rosto de Camila da cabeça. Olhou para o melhor amigo e pensou na grande confusão que causaria se lhe dissesse o real motivo para não querer aceitar o convite de Giovanna.

— Eu... eu gosto de outra pessoa.

Pedro ficou confuso e sentou-se ao lado do amigo.

— Quem? Você nunca me disse nada.

Vinícius ficou um instante em silêncio, pensando no que dizer.

— É... complicado.

— Ela estuda aqui?

— Não.

— É da sua antiga escola?

— Não.

— Caramba, Vinícius! Eu preciso de mais informação que isso. Você não confia em mim?

— Claro que eu confio, mas é um assunto muito complicado... O fato é que não vai rolar nunca. Só que eu não consigo parar de pensar nela.

Pedro ficou um tempo em silêncio, parecendo aceitar que o amigo estivesse realmente sofrendo por um amor não correspondido.

— Então, se não vai rolar... por que não dá uma chance pra Giovanna? Ela é uma menina legal... e muita gente queria pegar ela, eu inclusive. E entre todos os babacas desse colégio, ela tá a fim de você. Então, aproveite! Vá viver um pouco. Você tá precisando.

Vinícius sorriu, sinceramente tentado a fazer o que Pedro dizia. Saíram pelo corredor, e, perto da saída, o cabelo rosa de Giovanna destacava-se. Pensou em Camila e olhou para Pedro, que estava ao seu lado, incentivando-o a seguir. Vinícius tomou coragem e caminhou até ela.

— Oi. Pode falar um minuto?

Na hora do jantar, ouviram a moto de Vinícius sendo estacionada na garagem. Camila sempre ficava apreensiva, mas não conseguia convencê-lo de que era perigoso. Pelo menos nas últimas semanas com a motocicleta, ele não fizera nenhuma loucura. Fato era que o veículo facilitava seu transporte para o trabalho e ainda era útil no fim de semana para trabalhar como entregador.

Vinícius entrou pela porta da cozinha com o capacete na mão e colocou-o sobre um armário, como todos os dias. Camila viu que havia um adesivo novo, um desenho estilizado de um pássaro que se misturava com uma flor. Teve a sensação de que lembrava um brasão antigo.

— Que bonito! Onde copiou esse desenho? É um brasão?

Ele olhou-a surpreso.

— Na verdade, não... eu desenhei e achei legal. Mandei fazer um adesivo.

— Que bonito. É o brasão de qual família?

Inês passou os dedos delicadamente sobre o tecido onde estava a imagem de um pássaro e de uma flor bordados, formando um desenho único. Na mão brilhava a aliança dourada do casamento.

— Da nossa. Eu mesmo desenhei e mandei bordar.

Ela sorriu para Tiago.

— É lindo.

Ele enlaçou-a pela cintura. A gravidez já estava à vista. Beijou o canto da sua boca.

— Vamos construir nossa história juntos. E ela vai durar para sempre.

Camila viu a cena em sua mente, como se fosse o trecho de um episódio de uma série na TV. Olhou para Vinícius e deve ter parecido muito pálida, porque ele perguntou se ela estava se sentindo mal. Fazia já algum tempo que não havia tido mais visões fora do consultório de Ivete.

— O que tem para o jantar, mãe?

A voz de Heloísa trouxe-a de volta à realidade.

— Estrogonofe.

— Aí sim, hein?!

Foram para a mesa de jantar, mas Camila sentia o olhar de Vinícius em seu rosto o tempo todo. Os filhos tagarelavam sem parar com o avô, enquanto os dois permaneciam em silêncio. Havia algo no ar, mas Camila não sabia o que era.

— Aliás, Vinícius, soube de uma fofoca hoje! Como assim você tá ficando com a Giovanna, a rainha das barbies, e nem me disse nada?

Heloísa perguntou rindo, e Pedro contou empolgado que era tudo verdade, que ele mesmo tinha arrumado tudo, porque "o molenga aí não ia fazer nada a respeito". Mas Vinícius mantinha uma expressão séria no rosto, olhando para o prato ainda intocado, sem conseguir encarar Camila.

— Não é nada sério.

— Ahhhhh, pois ela tá toda empolgada, viu? Acho que tá apaixonada.

Vinícius murmurou qualquer coisa, extremamente constrangido. A fome sumira por completo para Camila, que brincava com a comida com o garfo, sem de fato comer nada. Pedro ainda ria do amigo, certo de que a timidez era a responsável pelo silêncio, dizendo que, por causa dele, também conseguira ficar com uma das amigas de Giovanna.

— As barbies sempre andam em bando. — Riu Heloísa.

O jantar arrastou-se por longos minutos, e a impressão de Camila era que ela iria explodir em lágrimas a qualquer momento. Por que aquilo a incomodava tanto? Por que sentia o ar doer em seus pulmões com a simples visão de Vinícius com outra mulher?

— De quem é a vez de lavar a louça?

Dário mal terminou a frase, e os gêmeos apontaram para Vinícius ao mesmo tempo, correndo da mesa antes que fossem obrigados a ajudar a tirar os pratos.

— Bem, se me derem licença, vai começar o jogo do meu Palmeiras! Então, vocês que se virem aí.

Camila levantou-se devagar, sentindo todo o corpo doer. Vinícius, assim como ela, mal tocara na comida. Levaram os pratos e as travessas para a pia, em um silêncio profundo. Enquanto ela buscava os copos, Vinícius começou a lavar a louça. Quando ela, enfim, trouxe os últimos utensílios para a pia, ele pegou no antebraço de Camila com a mão toda ensaboada, impedindo-a de ir embora.

— Eu... eu não gosto dessa menina de verdade.

Camila tentou desvencilhar-se, mas ele mantinha a mão firme no seu braço.

— Garoto, isso não me diz respeito. Como gosta de lembrar a todo momento, é maior de idade e pode fazer o que bem entender.

— Eu não sou um garoto!

Ela puxou o braço com força, tremendo de raiva e frustração.

— É sim! É um menino! Igualzinho à música que cantou naquele dia na escola! E não pense nem por um momento que eu me esqueço disso.

Ele olhou para cima, com uma expressão exasperada. Os olhos ficaram vermelhos, segurando teimosamente as lágrimas. A vontade dela era de abraçá-lo, beijar seu rosto, mas permaneceu a dois passos dele.

— Isso não é justo — ele disse, por fim, virando-se para a pia e apoiando os braços no granito.

— Vinícius... não sei o que está acontecendo entre nós. Mas não vai passar de uma amizade, ouviu? Você é o melhor amigo do meu filho, é um garoto incrível, mas...

— Mas? — Ele ainda estava de costas, com a cabeça baixa, os braços tensos.

— Mas qualquer sentimento, que não seja carinho e amizade, está fora de cogitação. Então — continuar a frase foi mais difícil do que ela imaginava —, você pode namorar quem quiser... eu não me importo.

Era talvez a maior mentira que já dissera e ficou feliz por ele estar de costas, pois não poderia ver isso em seu rosto.

Vinícius ficou um tempo em silêncio, então, fechou a torneira devagar e enxugou as mãos no pano de prato. Virou-se, e as lágrimas corriam por seu rosto.

— Sim, senhora. — E saiu, pegando o capacete e as chaves. Ela ouviu o motor sendo ligado e Vinícius arrancando com a moto. Então, permitiu-se chorar, como fazia quando era uma adolescente e tinha o coração partido.

Vinícius não prestou atenção nas ruas por onde passava, até ver que estava próximo à casa de Giovanna. Parou a moto no meio-fio, pensando no que fazer. Era uma loucura, de fato, nutrir qualquer esperança de que Camila iria corresponder ao que ele sentia. E, quanto mais pensava, mais sabia que ela tinha razão. Isso, contudo, não mudava em nada seus sentimentos. A verdade é que precisava tirá-la de seus pensamentos, precisava tirar o foco dela... antes de fazer algo de que pudesse se arrepender, que estragasse sua amizade com Pedro

115

e Heloísa e magoasse Camila. Então, pegou o celular no bolso da jaqueta e ligou para Giovanna.

Nos dias seguintes, Camila e Vinícius evitaram-se o máximo que puderam. Viam-se rapidamente pela manhã, na hora do café, mas agora ele usava a moto para ir à escola, dispensando as coronas. Voltava só tarde da noite, jantando marmitas no restaurante em que trabalhava como entregador ou na casa de Giovanna. Camila tentou convencer-se de que essa era a ordem natural das coisas e decidiu dar um tempo nas sessões de terapia. De que adiantava saber o que tinham feito nas vidas passadas, se nesta não iriam ficar juntos?

— Cadê eles? Vamos nos atrasar.

Pedro estava com a nova namorada na sala. Haviam combinado de irem ao cinema com Vinícius e Giovanna naquela noite de sexta, já que, no fim de semana, ele e a irmã iriam viajar com o pai para a praia e aproveitar o feriado prolongado na segunda-feira. Então, ouviram a moto ser estacionada na garagem e a porta da sala abrir-se. Vinícius entrou, seguido pela namorada, com seu cabelo rosa, shorts jeans bem curtos e uma blusinha amarela com um unicórnio colorido. "Heloísa tinha razão", pensou Camila. "É a perfeita imagem de uma boneca."

— Vou tomar banho. Já volto.

Ele subiu as escadas desviando propositadamente o olhar de Camila.

— Olá, prazer. Sou a mãe do Pedro. Você é a namorada do Vinícius, né?

A menina deu seu melhor sorriso para Camila. Era muito bonita e parecia um anúncio ambulante de revista *teen* que costumava ler quando era garota. Teve vontade de jogar um vaso na cabeça dela.

— Vinícius te adora. Estou muito feliz em conhecê-la! Confesso que estava um pouco nervosa... Se você não gostar de mim, é capaz de ele terminar comigo.

A garota riu, mas Camila não soube o que responder. Por um instante, teve pena da jovem, que parecia sinceramente apaixonada por ele. Depois de uns dez minutos, Vinícius desceu as escadas com os cabelos úmidos, vestindo uma calça jeans escura, camiseta branca e uma camisa preta por cima. O perfume recém-aplicado encheu a sala, e Camila teve vontade de colocar a jovem para fora a vassouradas. Engoliu em seco, desejou um boa-noite e subiu as escadas. Da janela, viu o Uber chegar para levar Pedro e a namorada, enquanto Vinícius dava a partida na moto com Giovanna na garupa. Escutou uma batida na porta. Era Heloísa.

— Que foi, mãe? *Tô* te achando tristinha hoje.

— Nada, querida. Estou com um pouco de dor de cabeça, só isso.

— Quer que eu fique neste feriado? Já que o vovô foi pescar e só voltará na segunda... Vinícius vai estar aqui, mas, agora que ele *tá* namorando a *Barbie queen*, mal para em casa.

Heloísa não escondia a antipatia que tinha da namorada de Vinícius. Era como se sentisse que a garota não era a certa para ele.

— Fique tranquila. Vou tirar o fim de semana para fazer vários nadas! Faz tempo que não fico sozinha em casa. Vai ser ótimo.

Ela sorriu, ainda não convencida.

— Sabe, mãe, você precisa arrumar um namorado. Você é tão bonita, tão nova. Não entendo por que *tá* aí solteirona.

Camila riu, afofando os travesseiros na cabeceira da cama e ligando a TV.

— Não estou interessada nisso. Tenho vocês, seu avô, meu trabalho. É o que me basta.

— Todo mundo precisa de um amor.

— Cadê o seu, então?

A filha riu alto.

— Eu já *tô* de olho em um. Logo, logo lhe apresento.

— Quem precisa de namorado quando tem três adolescentes em casa com os hormônios em fúria, né, não? Vocês já me dão muita preocupação.

— Só que um dos "adolescentes" não é seu filho. E desconfio que ele só está namorando a fada dos unicórnios porque quer esquecer alguém.

Camila tentou disfarçar, mas sentiu seu estômago revirar. Zapeou os canais, então, perguntou displicentemente.

— Por que acha isso? Ele lhe disse alguma coisa?

Heloísa ajeitou-se ao lado da mãe e puxou o cobertor.

— Sim e não. Eu perguntei se ele gostava mesmo da Giovanna, mas ele desconversou. Disse que ela era uma menina legal, que conseguia distraí-lo. Então, eu perguntei se ela o distraía dos problemas com a mãe e tal, e Vinícius respondeu que não era com esse tipo de problema que ela o ajudava. Aí eu liguei os pontinhos, né? Um tempo atrás, Pedro comentou comigo que Vinícius gostava de alguém, mas que não "ia rolar nunca". Não sabemos quem é. Ele não fala de jeito nenhum.

Camila ficou um tempo em silêncio, pensando no que Heloísa dissera. Nas últimas semanas, tentou se convencer de que Vinícius estava de fato gostando da menina, mas, no fundo, sabia que nada havia mudado. E como poderia, não é? Um amor que atravessava o tempo não era fácil de acabar. Suspirou tão fundo que a filha olhou para ela.

— Sério, mãe, o que tá acontecendo? Parece que está angustiada com alguma coisa.

— Ah, filha, são problemas que você não pode me ajudar a resolver. E eu não quero falar sobre isso.

— Você e o Vinícius são iguaizinhos, viu?

118

O sábado chegou, e a casa estava incomumente quieta. Assim como Heloísa previu, Vinícius passou o dia inteiro entre o trabalho e a casa da namorada e voltou somente tarde da noite. Camila estava lendo no sofá, com seu pijama mais velho, com gatinhos estampados, quando ouviu a porta da cozinha abrir-se, o barulho das chaves sendo colocadas no gancho, os passos na sala de jantar. Ele entrou e deu um boa-noite tímido, virando-se para subir as escadas.

— Está com fome? Eu pedi pizza.

Vinícius parou e desceu os degraus devagar.

— Não. Já jantei.

Ela sorriu, amarga.

— Imaginei que sim. Jantou com a namorada.

Ele colocou as mãos no bolso da calça, balançando levemente o corpo para frente e para trás, e respondeu de forma cínica:

— Achei que era exatamente isso que você queria.

Camila fechou o livro, irritada. Ele estava provocando-a e estava conseguindo. Ela levantou-se e andou até Vinícius, parando a poucos centímetros dele.

— Era mesmo. Estou radiante com a situação.

Vinícius inclinou a cabeça de lado, mas não disse nada. Em vez disso, estendeu a mão para a cintura dela e deu-lhe um beijo no rosto.

— Parece que ninguém está feliz com essa situação.

Camila pensou em retrucar, mas Vinícius estava perto demais. Ele puxou-a levemente pela cintura, e ela simplesmente não teve força para impedir seus pés de o acompanharem. Sentia as pernas bambas, a respiração acelerada. Tudo nele era tão familiar. Seu cheiro, sua pele. Os braços do rapaz envolveram-na e ergueram-na do chão, até que os rostos ficassem na mesma altura. Encostou-a na parede, colando-se a ela, quase tocando seus lábios. Então, ela beijou-o, não de forma delicada, mas desesperadamente. Cravou os dedos nos cabelos macios dele, enquanto Vinícius passeava as mãos por seu corpo, espremendo-a cada vez mais contra a parede. Camila enlaçou-o com as pernas, e ele apertou suas nádegas com força. Ela interrompeu o beijo para respirar.

— Isto é muito errado.

Ele sorriu, beijando-a novamente.

— Muito mesmo — respondeu, pegando-a no colo e subindo as escadas, até colocá-la na cama.

Camila parecia tão linda e pequena, com aquele pijama engraçado, os cabelos castanhos soltos sobre o travesseiro. Sentindo o coração bater depressa, Vinícius acariciou o rosto dela, a maciez de sua pele, até tocar no seio por baixo da blusa. Suas bocas encontraram-se de novo, e suas mãos inquietas livraram-se das roupas com urgência. Abraçaram-se o mais apertado que podiam, com medo de que tudo fosse apenas um sonho. Ela era tudo o que importava naquele momento. Não havia mais nada além daquela mulher em seus braços e a sensação de que sempre estivera ali, que já haviam se unido tantas e tantas vezes através do tempo. Não sabiam onde começava um e terminava o outro.

Camila passou os dedos pelas costas nuas de Vinícius, sentindo seu peso reconfortante sobre o seu, beijou a curva entre seu pescoço e seu ombro e o roçar da ponta dos cabelos dele em seu rosto. Não conseguia pensar em passar nem mais um dia sem ele e sentiu lágrimas brotarem ao se lembrar de fragmentos de suas vidas passadas e de todas as vezes em que estiveram juntos e se perderam. Abraçou-o com mais força, então, ele notou que ela chorava.

— O que foi? — Vinícius segurou o rosto de Camila entre as mãos e beijou com delicadeza suas pálpebras molhadas.

— Nada. — Ela sorriu, e os lábios dele beijaram os de Camila. — Não quero que esta noite termine.

Ele não falou nada, porque sabia que o dia seguinte seria muito difícil para os dois. Não queria pensar nisso nem em nada além daquele momento. Abraçou-a ainda mais apertado e beijou-a longamente até quase ficarem sem ar.

Vinícius acordou com as frestas de luz invadindo o quarto e esticou o braço apenas para sentir a cama vazia. Desceu as escadas e viu Camila em pé na cozinha, terminando de fazer o café. Aproximou-se por trás com cuidado, como se ela fosse um animal arredio e fosse fugir a qualquer momento. Tocou seu cabelo e deu-lhe um beijo leve no pescoço. Ela não se esquivou; apenas inclinou a cabeça para o lado, e esse foi o sinal para ele envolvê-la nos braços, beijando com mais confiança aquele pescoço alvo, a ponta da orelha e depois virando-a de repente para buscar sua boca.

— O café está pronto, mas estamos sem pão.

Ele sorriu ainda com Camila nos braços, dizendo que iria à padaria se ela quisesse. A verdade é que Vinícius não estava com fome. Camila respondeu que não precisava, que iria comer uma fruta, e desvencilhou-se do abraço, indo até a geladeira para pegar o leite. Sentou-se à mesa, e ele imitou-a, enchendo as xícaras com o café fumegante.

— Sei que não conversamos muito na noite passada, mas eu queria...

Ela balançou a cabeça, interrompendo-o.

— Não, não vamos conversar hoje. Não vamos falar do futuro, do que vai acontecer. Só hoje... vamos viver como se não tivéssemos problemas, OK? Amanhã, a gente conversa. Hoje não.

Vinícius concordou com um gesto afirmativo. A verdade é que ele estava apavorado em perdê-la assim que abrisse os olhos naquela manhã. Pelo menos dessa forma, independente do que acontecesse no dia seguinte, teria um dia inteiro com ela. Pegou uma maçã e, depois de uma mordida, notou que estava com muita fome.

— Quer saber? Eu vou à padaria, porque só essas frutas não serão suficientes.

Depois do café da manhã, eles passaram o resto do dia no quarto, tentando falar apenas sobre amenidades e evitando qualquer assunto que pudesse tirá-los daquela ilusão de normalidade. Tentaram assistir a um filme, mas, nos primeiros cinco minutos, já estavam se beijando, começando tudo de novo e de novo. Então, Camila ouviu o celular tocar. Era Heloísa.

— Caramba, mãe! Mandei mensagem o dia inteiro, e você nem sequer viu.

Camila ficou com o rosto ruborizado, como se a filha pudesse vê-la e soubesse de tudo.

— Eu estava fazendo faxina e depois acabei pegando no sono. Aconteceu alguma coisa?

— Não... só fiquei preocupada porque você não respondia. Vinícius tá aí?

Camila engoliu em seco.

— Ele saiu de manhã e não voltou até agora.

— Hummm... Giovanna mandou mensagem procurando por ele. Disse que ele não responde às mensagens do celular e não apareceu na casa dela.

Camila sentiu-se horrível por ter de mentir para filha. Era exatamente por isso que não queria voltar à realidade.

— Se ele aparecer aqui, aviso.

— Tá bom, mãe. Até amanhã à noite. Beijos.

— Tchau, filha. Beijos.

Vinícius estava sentado na cama, esperando por ela.

— Sua namorada está te procurando.

Tentou falar da forma mais casual possível, mas sentiu o orgulho ferido em cada palavra. Ele suspirou e levantou-se. Foi até a calça que estava no chão do quarto desde a noite anterior e tirou o celular do bolso. Viu que havia várias mensagens de Giovanna, algumas de Pedro e Heloísa e outra da mãe. Desligou o celular sem responder nenhuma. Voltou para a cama e enlaçou os ombros de Camila, trazendo-a para deitar-se sobre seu peito.

— Amanhã, não é mesmo? Amanhã, a gente pensa nisso. Hoje não.

A cama amanheceu vazia, assim como no dia anterior. Vinícius desceu as escadas, mas não encontrou Camila de pijama. Ela já estava totalmente vestida, com um jeans claro e blusinha roxa, o cabelo preso em um rabo de cavalo costumeiro. Era a mesma Camila de sempre, o que já indicava que a conversa que prometeram ter começaria cedo. Sentou-se na cadeira sem ao menos tentar beijá-la. Ela serviu uma xícara de café para Vinícius e sentou-se no lado oposto, longe o suficiente para que ele não conseguisse tocá-la.

— Chegou a hora de acertarmos nossa vida, né?

Vinícius remexeu-se inquieto, esfregando as mãos embaixo da mesa. O que poderia dizer para aquela mulher que a convencesse de que queria viver aquele amor? Sentiu o estômago doer com a ansiedade.

— Primeiro, as damas.

Camila sorriu, sabendo muito bem que ele estava com medo do que ela iria dizer.

— Você sabe o quão complicado é tentar fazer isso dar certo, né?

Ele fez que sim.

— E não é apenas nossa diferença de idade... há a sua amizade com meus filhos, seu problema familiar e o fato de que você mesmo já disse que a única solução seria "sumir no mundo com sua mãe". Além disso, tem sua namorada...

Ele a interrompeu:

— A Giovanna não é problema, e você sabe bem disso. Eu só estava com ela para tentar tirar você da minha cabeça. Vou terminar com ela.

— Você não precisa terminar com a Giovanna. Aliás, é melhor que fique com ela.

Vinícius olhou-a como se ela tivesse dito o maior absurdo do mundo.

— Você está de brincadeira, né?

— Não estou. Pense bem, Vinícius... Por que terminar com uma garota que gosta de você, que lhe faz bem. Sinceramente, acho que você estará melhor com ela.

Ele cruzou os braços, contrariado.

— Camila, eu não amo a Giovanna! Eu amo você. Estava com ela pra me distrair e quer saber? Você estava morrendo de ciúmes. Da mesma forma que, se você aparecesse aqui com outro homem, eu ia querer morrer. Você não tem coragem de admitir que não tem outra saída a não ser enfrentar a situação. A gente se ama, e isso não vai passar. Minha pergunta é: você quer viver isso comigo? Porque eu quero. Estou disposto a pensar em soluções para todos esses pontos que você levantou, desde que fiquemos juntos.

Ela ficou em silêncio por um tempo, tentando encontrar palavras para convencê-lo de que não havia futuro para os dois.

— E como isso funcionaria? Acha que o Pedro ficará de boa com você aqui dentro de casa, namorando a mãe dele? E meu pai? Acha que ele aprovaria essa situação?

— Eu me mudaria, claro.

— E iria para onde?

— Para uma pensão, como eu disse que faria.

— E sua mãe, Vinícius? E seus planos? Você mesmo disse que não tem muito tempo para tirá-la do Marcos e ir embora daqui. Como acha que vai conciliar isso com um relacionamento comigo?

Dessa vez, foi ele quem ficou calado, sem uma resposta. Camila ficou olhando para o rosto dele, pensando que Vinícius não passava de um menino que só queria fazer o melhor. Deu a volta na mesa e abraçou-o pelas costas, encostando os lábios no cabelo dele.

— Você está certo. A gente se ama, e isso não vai passar. Mas também sei que este não é o melhor momento para vivermos isso. Então, eu lhe proponho que tudo fique como está. Você fica aqui e junta o dinheiro de que precisa para ajudar sua mãe. Eu posso ajudá-lo com isso também, pois tenho algumas economias. Aí, quando estiverem em segurança, pensaremos no que fazer. Mas agora você tem uma prioridade, que é a sua mãe.

Ele assentiu, mas continuou em silêncio. Sabia que Camila estava certa, mas viver com ela naquela casa e fingir que não a amava seria muito difícil. Levantou-se, abraçou-a por um longo tempo e depois a beijou com delicadeza.

— Eu vou até a casa da Giovanna agora. Volto mais tarde.

Camila abraçou-o com mais força e, secretamente, agradeceu por ele terminar com a namorada. Não queria nem pensar na possibilidade de ele continuar com outra mulher que não fosse ela.

8.

ECOS
NO TEMPO

Žižka era um homem alto, já velho, mas extremamente forte, com os cabelos na altura do pescoço, cota de malha por baixo de uma túnica azul. Seu rosto era duro, e ele usava um tapa-olho feito de couro sobre o olho direito. Ele ouviu atentamente o que Milan dizia, fazendo perguntas pontuais sobre os túneis de esgoto.

— Acha que consegue voltar ao ponto por onde entrou na tubulação pela primeira vez? Consegue encontrar?

— Sim.

Ele deu um meio-sorriso, satisfeito. Aquilo era exatamente o que precisava: uma forma de invadir a cidade murada por dentro com um pequeno contingente de homens, subjugar os guardas durante a penumbra da noite e abrir os portões. Milan, no entanto, estava apavorado. Como faria para tirar Krista e Dumin de lá antes do ataque? Ele tinha seu dever com o exército de Žižka, mas não conseguiria sequer pensar em Krista no meio da batalha. Aproximou-se do comandante, com a cabeça baixa.

— Lembrou-se de algo mais?

— Senhor... eu não posso deixar que as pessoas que me ajudaram corram perigo durante o ataque... preciso protegê-las, avisá-las de alguma forma...

Žižka ergueu a mão enluvada, interrompendo-o.

— Nenhum aviso será dado, mesmo que para proteger seus amigos. Isso é muito importante, ouviu? Todo o sucesso dessa investida depende disso. Sinto muito, mas não permito que avise ninguém.

Milan balançou a cabeça, desolado. Žižka ficou um tempo observando-o e depois chamou o capitão que iria liderar o grupo na missão de invadir a cidade pelos esgotos. Milan estaria no grupo para guiá-los e depois atacar os soldados que guardavam os portões.

— O soldado os guiará pelos túneis, mas depois seguirá para a cidade, enquanto seu grupo atacará os guardas.

Milan olhou-o surpreso.

— O rapaz tem uma dívida para quitar.

Se pudesse, pularia no pescoço de Žižka e o beijaria no rosto de alegria. O homem, contudo, era duro feito pedra e provavelmente o partiria em dois com sua espada, antes de deixar que encostasse nele. Agradeceu efusivamente, pensando no que faria ao chegar à cidade. Haveria guardas na praça central, mas, durante a noite, seria fácil se esconder nas sombras. Teria de ser rápido para tirar Krista e Dumin do Orloj e guiá-los até os túneis, onde estariam seguros durante o ataque. Rezou em silêncio para que eles estivessem com saúde quando fosse a hora.

Um vento gelado entrava pelas frestas das janelas e portas, e o fogo na lareira não era suficiente para esquentar. Krista suspirou, enquanto mexia o caldeirão com o ensopado. O cheiro, que antes era tão convidativo, estava deixando-a enjoada.

Olhou para o avô, que estava em um canto, consertando uma engrenagem que havia entortado. Tentava a todo custo controlar a vontade de vomitar ali mesmo, e sua pele começou a ficar pálida. Correu para fora de casa, expelindo tudo o que tinha no estômago. Quando entrou novamente, Dumin olhou-a com atenção redobrada. Era óbvio que estava desconfiado.

— Krista, você anda vomitando a todo momento. Está cada dia mais pálida e sonolenta... Menina, me diga que você não está...

A neta baixou os olhos, incapaz de mentir. O velho apoiou-se no encosto da cadeira.

— Foi Milan?

Krista ergueu os olhos, que estavam molhados.

— Ele vai voltar e vamos nos casar. Ele prometeu.

— Ah, criança... Ele é um rebelde! Deve estar morto a essa altura! E se não estiver, acha que voltará depois de desonrá-la?

— Eu sei que vai!

— Cale-se! Vá para cima e fique lá até eu mandar!

A jovem subiu as escadas, e ele ouviu-a desabar na cama de palha em prantos. Não deveria ter confiado naquele rapaz. Acreditara que era honrado, mas é claro que não deixaria passar uma moça bonita como Krista. Amaldiçoou-o. Ele deveria morrer da pior forma possível por isso! Mas... e se a neta estivesse certa? E se ele voltasse, a levasse dali e se casasse com ela? Remexeu o bolso e tirou a corrente com o crucifixo que Milan lhe pedira para entregar a Krista, com a promessa de que iria buscá-lo um dia. Por algum motivo, nunca dera aquilo para a neta. Subiu as escadas e aproximou-se do leito da jovem, onde ela estava de bruços, chorando. Suspirou fundo.

— Antes de partir, Milan me pediu para lhe entregar isso.

Krista olhou para as mãos do avô e, em silêncio, pegou o crucifixo.

— Ele disse que um dia viria buscá-lo. Acredita mesmo nele?

Ela assentiu, enxugando as lágrimas.

— Com todo o meu coração. Ele virá.

Dumin nada disse. Estava assustado e frustrado. Permitira que o rapaz ficasse escondido sob seu teto, então, a culpa era dele, afinal. Saiu da torre do Orloj e andou pela praça de cabeça baixa. Sem perceber, andou até o casebre de Svetlana. Entrou e sentou-se em um canto, como qualquer outra pessoa que teria ido até a curandeira atrás de um remédio. A velha continuou atendendo sua fila de pedintes, normalmente, sem dar conta dele por lá. Quando o último saiu, Svetlana fechou a porta e sentou-se ao lado de Dumin. Apoiou a mão enrugada em seu ombro.

— Ela está se alimentando direito? Tenho aqui um chá para o enjoo. Essa criança deve nascer, Dumin. É importante que venha saudável ao mundo.

Ele olhou-a surpreso. Até onde sabia, Krista não contara a ninguém sobre a gravidez, mas aquela era Svetlana e a velha bruxa sabia coisas que os demais nem sequer suspeitavam. Murmurou que aquilo não deveria acontecer, mas ela interrompeu-o com um aceno de mão, pouco interessada naqueles resmungos.

— Tome. Leve esses chás e faça ela comer carne. Não galinha. Arrume carne vermelha. O rapaz voltará. Não precisa ficar se lamentando. — Ela virou-se para Dumin, com a expressão séria. — Ele protegerá Krista, como prometeu. Mas o caminho dela é longo. Essa criança crescerá e será um grande guerreiro, um líder que vai ajudar a trazer a paz para nosso povo. Ouviu? Krista precisa ter isso em mente, precisa ser forte. O destino a escolheu, então, pare de ficar reclamando.

O céu estava escuro, mesmo sendo muito cedo. A tempestade estava perto, e era possível ouvir os trovões ao longe. Krista suspirou fundo, ajeitando a capa de lã sobre os ombros, enquanto levava o balde cheio d'água de volta para casa. Estava pesado e escorregava. Sentiu que ele iria virar e inclinou-se para apoiar a base no chão, antes que toda a água fosse derramada, quando uma mão envolta em uma luva negra segurou a alça. Ergueu os olhos e deu com o cinza frio dos olhos de Marek e o sorriso estranho naquele rosto ressecado e descorado. Imediatamente, deu dois passos para trás.

— Menina Krista, quase deixou toda a água cair.

Krista enrolou-se na capa, escondendo o ventre, mesmo que soubesse que sua gravidez ainda não era perceptível.

— Obrigada — disse em um fio de voz, afastando-se rapidamente dele.

— Seu avô está?

— Está na torre.

Marek percorreu os olhos pelo corpo dela, que se encolheu, apavorada. Um sorriso praticamente imperceptível passou pelo rosto do homem, que se virou em direção ao relógio. Krista sentiu uma vertigem e agarrou o crucifixo que trazia agora no pescoço, pedindo a Deus que Milan não demorasse a vir buscá-la. Ficou de soslaio na porta, tentando ouvir sobre o que falavam. Marek estava andando pelo cômodo enquanto falava com Dumin, parou perto da escada e olhou para cima, avaliando a altura da torre. Depois, caminhou mais um pouco e parou no ponto onde havia o alçapão. Ele fez um movimento com os pés, testando o piso de madeira ali, e o coração de Krista parou por um instante.

— O que tem aí embaixo?

— É um depósito de grãos para o inverno. Quase não o usamos, já que somos apenas Krista e eu...

Marek agachou-se e puxou o pedaço de pele de carneiro que servia para esconder a entrada do porão. Abriu-o, mas a escuridão não permitia que visse muito.

— Interessante... há alguns meses, um rebelde esteve escondido na cidade, e nunca o encontramos. Uma pessoa poderia ser escondida aqui, bem debaixo do meu nariz. — O semblante do capitão da guarda mudou para uma expressão fria, e sua voz era quase um fio inaudível. Krista entrou, distraindo Marek momentaneamente.

— *Dĕdeček*, já ofereceu um pouco de vinho para o capitão?

Dumin olhou-a por um instante e depois perguntou se Marek gostaria de um cálice de vinho, que ele aceitou.

— Temos um pouco de queijo e pão, se quiser também.

O capitão da guarda, deliciado por ver a jovem sendo cortês com ele pela primeira vez, deu uns passos em direção a ela.

— Você fica ainda mais bonita quando sorri.

Ele passou a língua pelos lábios descorados, enquanto a avaliava como um cordeiro para o jantar. Controlando o enjoo, Krista alargou um pouco mais o sorriso.

— Talvez um dia possa ficar para a ceia. Tenha um bom dia, capitão.

Marek deixou a torre, e só depois de alguns segundos avô e neta puderam respirar novamente. Não havia mais nada no porão que denunciasse que Milan estivera lá, mas Marek não precisava de provas para prendê-los na masmorra do castelo. Bastava acusá-los para que os dois fossem arrastados para aquelas celas fétidas e escuras em pouco tempo. E o único trunfo que tinham naquele momento era o desejo que ele nutria por Krista. Se conseguissem mais tempo até que Milan voltasse...

— Não sabemos se ele voltará! E, se voltar, vocês irão para onde? Como viverão? E eu... o que farei, minha neta?

Os olhos de Dumin estavam cheios de lágrimas. Krista abraçou-o, sem ter uma resposta para suas perguntas. Fechou os olhos e rezou para que Milan viesse logo. Ao longe, os trovões reverberavam, enquanto Milan e o pequeno grupo de soldados de Žižka avançavam pelos esgotos.

Inês sentia-se exausta. Tentou ajeitar-se o melhor que podia, mas os grilhões nos pulsos incomodavam-na. Seu corpo todo doía. Olhou em volta, e a única luz vinha da escotilha. Era ainda noite, e ela podia ouvir o ronco de Drake na câmara ao lado. Todas as vezes em que fechava os olhos, revivia novamente o pirata entrando na cabine, dando-lhe socos e pontapés até que finalmente parasse de tentar libertar-se. Sentia o hálito azedo sobre seu rosto e o sorriso perverso quando finalmente terminava. As lágrimas quentes escorriam sobre suas faces machucadas, até que o sono a vencia, apenas para acordar novamente com aquele monstro a olhá-la.

Colocou a mão sobre o ventre, rezando para que tudo aquilo não resultasse em um bebê. Fez as contas mentalmente, lembrando-se da última vez em que estivera com Tiago. Fora na noite anterior ao casamento. Eles já não tinham mais razões para esperar os ritos sagrados nem forças para fingir que o desejo era maior do que as convenções. Poderia estar esperando um filho dele? Mas e se... As lágrimas aumentaram, enquanto Inês pensava que podia estar gerando um filho de Drake.

De repente, sentiu um tranco, como se algo houvesse batido no casco, e ouviu o barulho alto de uma explosão. O alarme foi dado, e passos apressados corriam pelo convés acima dela. A porta abriu-se violentamente, e a figura de Drake apareceu com os olhos injetados. Ordenou que tirassem a corrente que estava presa à parede, mas Inês ainda permaneceu com os pulsos presos ao ferro. Ele pegou-a pelo braço e arrastou-a escada acima.

A lua estava pálida no céu, e Inês não enxergava nada além do oceano escuro. Então, ouviu um zumbido alto, e o navio estremeceu novamente com uma explosão próxima, mas que atingiu a água.

— Bombordo! — gritou um pirata no alto do mastro principal.

Drake arrastou Inês para os fundos do navio, subindo as escadas até o chapitéu e assumindo o timão.

— Preparem os canhões!

Inês foi amarrada na amurada, próxima a Drake. Caso houvesse uma invasão ao navio, ele iria usá-la como escudo humano. Àquela altura, os navios da Armada já deviam ter desistido da perseguição, mas, ao que tudo indicava, aquela moça era mais preciosa do que ele imaginara. Os gritos dos marinheiros estavam mais próximos, e um dos tiros de canhão acertou um dos mastros, que caiu sobre o convés e atingiu um dos piratas, matando-o na hora.

Inês encolheu-se, tentando proteger-se dos destroços. O barulho era ensurdecedor. Gritos, canhões, ondas quebrando no casco, que oscilava. Tapou os ouvidos para tentar se concentrar. Uma explosão ainda mais próxima balançou com força a nau, e Inês foi jogada contra a amurada. Ergueu os olhos e viu outro navio emparelhar, os casacos vermelhos da Armada Espanhola contra a escuridão da noite. Então, viu no convés que os soldados estavam invadindo e lutando contra os piratas, as espadas tinindo, cortando a carne.

— Inês!

Era a voz de Tiago. Ela gritou o mais alto que pôde até levar um tapa no rosto de Drake. Furioso, ele desamarrou-a e ergueu-a do chão molhado, segurando-a contra seu peito e colocando a mão imunda sobre sua boca.

— Fique quieta! Baixem o escaler!

Estavam cercados e iriam abandonar o navio. Inês imaginou-se no pequeno bote com os piratas. Até quando a manteriam viva se fosse com eles? Virou a cabeça de um lado para o outro, até que a mão de Drake escorregou um pouco e ela conseguiu mordê-lo com toda a força que lhe restava. Ele soltou-a de súbito, e Inês caiu ruidosamente no chão. Ele ergueu-a pelos cabelos, com a espada em riste.

— Solte ela agora!

Drake trouxe a refém para perto de si, com a espada em seu pescoço.

— Se der mais um passo, eu mato essa vadia.

Tiago deu um passo adiante, mas Drake encostou o fio da espada no pescoço de Inês. A lâmina afiada fez um pequeno corte na moça, e o sangue começou a escorrer.

— Não!

O pirata riu e deu um passo para trás. O escaler estava pronto para o embarque, e os piratas corriam até ele. Tiago sabia que, se não agisse rápido, Inês estaria perdida para sempre.

— Eu irei no lugar dela! — E baixou a espada, levantando as mãos em sinal de rendição. Drake riu.

— Ela deve ser mais rica do que eu imaginava, para a Armada segui-la até aqui e um soldado trocar de lugar com ela. Essa aqui virá comigo. — E deu mais um passo para trás para entrar no escaler. Nesse pequeno intervalo em que retirou a espada do pescoço de Inês para conseguir entrar no bote, Tiago jogou-se sobre os dois, o que desequilibrou Drake e Inês, levando os três a cair nas águas frias do oceano.

Inês estava acorrentada pelos pulsos e começou a afundar rápido. Tentou subir, mas o peso do vestido e as correntes nos pulsos tragaram-na para baixo, e ela começou a perder a consciência. Então, Inês sentiu uma mão alcançá-la e puxá-la para cima, até que sua cabeça ficasse fora d'água.

— Inês! Inês! Responda!

A voz de Tiago soava muito longe. De repente, Inês sentiu o estômago revirar e ela cuspiu a água salgada, tentando respirar. Ele virou-a de barriga para cima e passou o braço direito acima do seu pescoço, enquanto usava o esquerdo para impulsioná-los em direção ao navio da Armada. Um bote aproximou-se deles, e Inês viu com seus olhos turvos homens de casacas vermelhas tentando tirá-los da água. Quando, enfim, se viu no escaler, com os braços de Tiago firmes em volta dela, desmaiou. Ele apoiou a cabeça da noiva em seu ombro, agradecendo silenciosamente por conseguir salvá-la. À sua frente, o navio pirata queimava e afundava lentamente, mas Drake e alguns dos homens conseguiram fugir no bote, usando a escuridão da noite.

Inês só acordou de fato nas primeiras horas da manhã. Tiago estava segurando-a e abraçou-a apertado assim que ela abriu os olhos. Inês começou a chorar, mesmo sabendo que já estava segura. Seu pescoço ardia com o corte, e os pulsos, já livres dos grilhões, estavam vermelhos e machucados.

— Você está segura agora, meu amor.

Ouvir a voz dele acalmou-a. Depois de um tempo, ele perguntou com cuidado, medindo as palavras, se alguém a havia machucado. Ela olhou para a escotilha, onde a luz do sol brilhava, e começou a chorar novamente, soluçando ao relembrar. Tiago abraçou-a cuidadosamente, dizendo que estava tudo bem, que tudo já havia acabado e que nunca mais ninguém iria tocar nela. Ele iria protegê-la.

— Mas, Tiago... e se... meu Deus... e se eu tiver grávida? Como saberemos se esse filho é seu ou dele?

Ele olhou-a por um longo tempo, e seus olhos estavam marejados. Então, beijou-a com ternura.

— Eu vou te amar e amar esse bebê, independentemente de qualquer coisa. Será meu filho e ponto final.

Inês sentiu um grande alívio ao ouvir essas palavras de Tiago.

— Vão demorar alguns dias para chegarmos a Cádis. Pode descansar aqui na cabine do capitão. Ele mesmo ofereceu. Terei de ficar com meus companheiros abaixo do convés.

— Eu quero me casar agora, Tiago. Não quero esperar.

Ele ficou um minuto em silêncio e depois sorriu.

— Vou falar com o capitão. — Buscou no bolso do casaco a aliança dourada que levava consigo no dia da cerimônia e colocou-a no dedo de Inês. — Independentemente das formalidades, considere-se já uma mulher casada.

A sirene ecoava acima de suas cabeças. Estavam no porão da casa, o único lugar para onde poderiam ir em caso de bombardeio. Rainer segurava Heidi nos braços, enquanto Hannah tentava acalmar Peter, que chorava baixinho. Os sogros do rapaz estavam no canto, rezando para um Deus que não ouvia preces e que se ocupava apenas de recolher as almas aos montes. Ouviram explosões cada vez mais altas. O chão de terra tremia a cada impacto, e a poeira caía do teto de madeira. Rainer tentou imaginar o quanto as paredes resistiriam. Uma grande explosão próxima sacudiu toda a casa e fez os ouvidos apitarem. Heidi apertou seu pescoço com os bracinhos o mais apertado que podia, enquanto ele tentava protegê-la. Pegou-a no colo e foi até a esposa, que abraçava o caçula e tremia de medo. O soldado colocou-os debaixo de seus braços, tentando proteger a todos, mesmo que isso fosse impossível.

A casa parou de sacudir e parecia ter aguentado. Rainer olhou para a esposa, cujos olhos estavam arregalados de medo. Sorriu, tentando parecer confiante.

— Vou tirar a gente daqui. Eu prometo.

Seu tom de voz acalmou-a um pouco. Rainer prestou atenção no som das explosões e notou que elas estavam mais longínquas agora. Colocou Heidi no chão e foi até a escada, subindo os degraus com apreensão. Abriu a porta e viu que havia um grande buraco em uma das paredes da sala, mas o restante parecia bem firme. Chamou a família, e a sogra começou a chorar com o que viu. Hannah foi até o local onde estava o grande buraco. A mesa de canto onde ficavam algumas fotografias estava destruída. Abaixou-se e pegou o porta-retratos com a foto de seu casamento, o vidro em pedaços e a imagem um tanto arranhada. Pegou a fotografia e colocou-a no bolso do seu casaco.

— Preciso ver se é seguro ficar aqui. Vão para a casa de algum vizinho enquanto isso.

Hannah pegou as crianças e os pais e atravessou a rua, na qual havia uma grande cratera. Na casa em frente, um casal os abrigou. Rainer subiu até o segundo andar e viu que parte do telhado do quarto também cedera, mas não afetara a estrutura. Escutou o barulho de freios, e a porta da frente sendo aberta com violência. Foi até a janela e viu Klaus ao lado de um jipe, olhando para a janela onde estava. O coronel sorriu. Soldados entraram no quarto e deram-lhe uma coronhada na nuca, que o jogou no chão imediatamente. Depois de alguns chutes, levantaram-no do chão e amarraram suas mãos para trás. O coronel entrou no quarto apertado e mediu-o com seus olhos frios.

— A guerra está praticamente acabada! Não vê isso? Chega!

Levou um soco no estômago e dobrou-se para frente, tentando respirar. Klaus ordenou que o levassem para fora da casa, e tudo o que ele pensava era que Hannah tentaria impedir sua prisão e que os soldados a machucariam. De fato, quando foi retirado da casa, uma pequena multidão estava na rua, e Hannah avançou sobre os soldados, que a seguraram.

— Soltem-no! Soltem meu marido!

— Saia daqui, Hannah! Pelo amor de Deus, saia daqui!

Rainer recebeu mais um soco e ouviu a mulher gritar. Klaus fez um gesto para que o soldado que a segurava a soltasse. Caminhou até ela e desferiu um tapa tão forte em seu rosto que ela caiu sobre as pedras da rua. Klaus ergueu-a pelos cabelos, enquanto Rainer se debatia em vão, tentando libertar-se. Ele trouxe o rosto cheio de cicatrizes para perto do rosto dela e sussurrou:

— Vou, pessoalmente, matar esse traidor. Ele vai ter o que merece. E, depois que eu terminar, voltarei aqui para conversarmos. — E soltou-a no chão.

Klaus ordenou que colocassem Rainer no caminhão e entrou no jipe, que sumiu pela rua onde várias casas haviam sido destruídas pelas bombas. Depois de algum tempo, chegaram a uma base militar. Os rostos exaustos dos soldados e a desorganização diante das notícias que a guerra se aproximava do fim irritaram Klaus. Gritou com aqueles covardes que ainda estavam sob ordens do Führer e arrastou Rainer para o centro da base, ainda com as mãos amarradas para trás, até onde ficava uma trave. Pediu uma corda e sorriu enquanto fazia o nó e colocava no pescoço do soldado desertor.

— Nem que seja a última coisa que eu faça nesta guerra, mas vou matá-lo, *hurensohn!*[5] — E cuspiu em seu rosto.

Klaus ordenou que a corda fosse suspensa, e Rainer sentiu o ar preso em seu pescoço e uma dor lancinante. Seus olhos pareciam querer saltar das órbitas. Suas mãos estavam atadas, e tudo o que podia fazer era balançar os pés, desesperadamente. Sua visão começou a ficar preta e já não conseguia mais aguentar, então, tentou pensar em Hannah, para que a última coisa que visse fosse seu rosto e assim iria em paz.

Uma forte explosão no prédio principal da base fez todos caírem no chão, inclusive os dois soldados que seguravam a corda que o mantinha suspenso. Rainer bateu com as pernas no chão de terra, tentando respirar. Soldados corriam para todos os lados, enquanto mais bombas caíam do céu.

---

5 Filho da p***.

Klaus conseguiu levantar-se e, mesmo com a cabeça zumbindo, viu que Rainer estava vivo e tentava ficar de pé. Tirou a pistola do coldre e apontou para ele, disparando em direção à sua cabeça. Rainer caiu imediatamente, estendido no chão. Klaus sorriu para si mesmo e correu até o jipe para fugir do ataque aéreo.

9.

O SOBRADO NA RUA ATLÂNTICA

Não faltaram perguntas sobre o término repentino de Vinícius e Giovanna, mas ele se esquivou de todas, sem de fato respondê-las. Por mais que Pedro e Heloísa insistissem em saber o que acontecera naquele feriado, Vinícius manteve-se calado e nem mesmo para a ex-namorada revelou o real motivo que o levara a acabar o namoro. A garota ainda tentou, por dias, voltar, mas ele estava irredutível. Secretamente, Camila comemorava a decisão, muito embora ainda se sentisse perdida em relação ao futuro. Combinaram que tudo voltaria a ser como antes, mas a verdade é que era impossível resistir quando se viam sozinhos em casa. Esperavam com ansiedade os fins de semana em que os gêmeos passavam com o pai, incentivando, sutilmente, Dário a passear nessas oportunidades.

— Acho que vou ficar em casa neste fim de semana. A Cida tá com o neto doente.

Camila quase não disfarçou a decepção ao ouvir que a namorada do pai não poderia viajar. Perguntou se ele queria ir pescar com os amigos ou visitar o irmão no interior, até que Dário a olhou sério.

— Tá querendo se livrar de mim? Por que eu acho que você me quer longe daqui no fim de semana?

Camila engasgou-se com o suco, pega de surpresa. Vinícius olhou para baixo, mal contendo o riso e parecendo divertir-se com a situação.

— Imagina, pai... Quero que você aproveite a vida e não fique enfurnado em casa.

— Olha quem fala... desde que se separou, nunca a vi namorar de novo. Acho que você poderia ouvir o próprio conselho.

Vinícius olhou para Camila, e agora já não disfarçava mais o sorriso. Ela teve vontade de jogar o copo no rapaz e ficou vermelha como um pimentão. Gaguejou que não queria namorado nenhum e que aquela conversa não tinha sentido. Levantou-se e começou a recolher os pratos.

— Mas e a sobremesa?

Camila olhou para o filho com impaciência.

— Seu pai já deve estar chegando para buscar vocês. Vai terminar de arrumar sua mochila, porque não quero que ele entre aqui para esperar. Não tô a fim de ficar vendo a cara azeda dele na minha sala.

— Jesus! Vô, você cutucou o dragão e agora ela tá cuspindo fogo pra todo lado!

— Ha-ha-ha. Muito engraçado.

Apesar do mau humor de Camila, todos riram sem se preocupar e deixaram a mesa. Vinícius ainda ficou um tempo sentado, até que estivessem sozinhos na cozinha.

— Muito sutil da sua parte. Ainda não acredito que eles não perceberam nada.

Camila olhou-o com raiva, mas sabia que não iria durar. Bastava um sorriso dele para perdoar qualquer gracinha. Ela começou a lavar a louça, enquanto ele enxugava e guardava tudo. Ouviram a buzina do carro de Danilo e os gritos de despedida dos gêmeos. Vinícius suspirou fundo, enquanto guardava os últimos copos no armário.

— Uma pena o vô Dário não ter arrumado um programa. *Tava* louco pra ficar sozinho com você.

— Shiuuu!

Camila repreendeu-o, enquanto olhava pela porta. No sofá, o pai assistia ao noticiário, aparentemente sem escutar o que conversavam. Aquela situação era ridícula, pensou. Uma mulher madura e independente como ela, escondendo-se pelos cantos para namorar um menino. Aquilo era inaceitável. Olhou para ele, com seu cabelo desalinhado, o All Star vermelho e a camiseta cinza desbotada e teve vontade de jogá-lo em cima da mesa e fazer amor ali mesmo.

— Você ainda vai me enlouquecer.

Vinícius riu, um riso cristalino que raramente ouvia dele. Parecia realmente feliz, como nunca o vira antes. Ele abraçou-a, apesar dos protestos silenciosos dela, e beijou-a apaixonadamente, tirando seu fôlego. Então, sentiram o celular dele vibrar no bolso da calça. Vinícius franziu a testa e atendeu. Depois de alguns segundos, olhou para ela com uma expressão preocupada.

— O que foi?

Ele fez um sinal para aguardar. Ouviu atentamente e perguntou "se ela estava bem", e Camila viu a tensão tomar seu rosto. Desligou e ficou olhando para o celular.

— O que aconteceu?

— Minha mãe está no hospital. Pediu para uma enfermeira me ligar escondido, porque Marcos proibiu de me avisarem. Ela quebrou o braço.

Camila não sabia o que dizer. Nas últimas semanas, estavam tão envolvidos em seus segredos que praticamente esqueceram a vida lá fora. A ligação foi um soco no estômago para ambos, trazendo-os de volta à realidade. Vinícius sentou-se à mesa, segurando a cabeça com as mãos e tentando acalmar-se. Sua vontade era ir ao hospital naquele momento, tirar sua mãe de lá e pegar o primeiro voo para algum destino bem longe dali. Levantou a cabeça e viu Camila de pé ao seu lado, com o semblante preocupado. Como poderia ir embora e renunciar a ela?

Camila envolveu-o nos braços, e Vinícius apoiou a cabeça em seu peito. Ele ficou um tempo preso naquele abraço, depois se levantou e pegou o capacete e as chaves.

— Você não vai sair agora de jeito nenhum.

— Eu preciso ver minha mãe, Camila.

— Agora não. Ela está no hospital; está segura por enquanto. E ele deve estar lá, só esperando você aparecer. Não faça isso.

Acabou sendo convencido por ela, mas não conseguiu pensar em outra coisa que não fosse a mãe com o braço engessado no hospital. Ficou rolando na cama por muito tempo, recriminando-se por não tomar uma atitude quanto a isso, sabendo, no fundo, que já tinha dinheiro suficiente para comprar passagens, ficar em algum hostel ou pensão e, se vendesse a moto, poderia até alugar algum lugar simples por um tempo. Sabia exatamente por que não fazia e a razão era Camila. Levantou-se e caminhou pelo corredor. O quarto de Dário ficava no andar inferior da casa e ele dormia como uma pedra. Foi até a porta de Camila e a entreabriu.

— O que tá fazendo aqui? — sussurrou na escuridão.

Ele fechou a porta atrás de si e virou o trinco. Deitou-se ao lado dela na cama e abraçou-a por um longo tempo. Camila ouviu as batidas aceleradas do coração de Vinícius, enquanto tentava acalmar seu próprio coração também. Não conseguiram falar nada um ao outro e apenas se entregaram à paixão que sentiam.

O sobrado na Rua Atlântica tinha um muro alto, coberto pela hera. O portão era fechado e uma câmera apontava para baixo. Tocou o interfone por duas vezes. Deu alguns passos para trás, ficando quase no meio da rua. Tudo que via eram as janelas fechadas do sobrado. Resolveu tentar mais uma vez. No quarto toque, uma voz sonolenta atendeu.

— Mãe?

Ela não respondeu a princípio.

— Mãe, abra o portão.

— Vá embora, filho.

Percebeu que ela estava chorando.

— Eu não vou sair daqui, mãe. Se não abrir, eu vou pular o muro.

Depois de alguns segundos, ouviu o estalo do portão. Entrou, desconfiado. O quintal tinha pilhas de sacos de lixo preto, como se há algum tempo estivessem se acumulando. A porta da cozinha abriu-se, e o rosto de Helen surgiu das sombras, com dois olhos roxos, o lábio partido e o braço engessado.

— Meu Deus... — Vinícius abraçou a mãe, que soluçava. Estava confusa. Parecia que havia tomado algum calmante, pois seus movimentos estavam lentos.

— Eu tentei, filho. Peguei minhas coisas e saí... mas ele me encontrou e olhe o resultado... Ele já deve ter te visto pelas câmeras. Saia daqui agora, enquanto ele não chega.

Vinícius sentiu um frio na espinha; tinha de pensar muito rápido. Entrou na casa e correu escadas acima para a suíte principal. Foi até a cômoda e achou a bolsa da mãe e viu que a carteira com os documentos estava lá. Desceu e pegou o braço de Helen, tentando arrastá-la para fora.

— Vamos. Não podemos perder tempo. Suba na moto, pois vou tirá-la daqui.

Helen estava confusa, apavorada. De repente, escutaram um barulho de pneus derrapando na frente da casa. O portão abriu-se com um estalo alto, e Marcos entrou. Seu rosto estava vermelho, e as veias do pescoço estavam inchadas. Ele avançou para cima de Vinícius, que desviou por poucos centímetros de um soco no rosto. Marcos, no entanto, era rápido e conseguiu acertar um soco forte no estômago do rapaz, o suficiente para fazê-lo perder o ar e dobrar o joelho. Então, ouviu o som de algo se quebrando. Era Helen, que atingira Marcos com um vaso pesado na cabeça. Ele ficou tonto, e Vinícius aproveitou para dar-lhe uma rasteira. Aquele homem imenso caiu, e o rapaz levantou-se rápido, pegando a mão da mãe e puxando-a em direção ao portão.

— Parem!

Ouviram o clique da trava da arma. Helen jogou-se na frente de Vinícius, implorando para que ele não atirasse.

— Chega! Me mate logo, seu louco, mas deixe ele ir embora!

— Talvez mais tarde, mas não agora, meu amor. Você terá o que merece, e esse merdinha do seu filho também.

Helen não se moveu. O som de janelas abrindo-se, que vinha das casas vizinhas, e das vozes na rua pareceu deixá-lo um pouco apreensivo. Era a deixa que Vinícius esperava.

— Socorro! Socorro! Ele vai nos matar! Chamem a polícia!

Vinícius gritou a plenos pulmões, e as vozes na rua ficaram mais altas. O rosto de Marcos ficou ainda mais vermelho.

— Filho da p***! Vou acabar com sua raça!

O som de sirenes encheu o ar. Carros, barulho de vozes, e, de repente, havia policiais no quintal do sobrado. Camila surgiu no meio deles, correndo em direção a Vinícius e Helen. Marcos berrava com os policiais que o enteado invadira sua casa, mas Helen implorou que eles a levassem dali, pois estava sendo torturada e ameaçada. Os policiais pareciam oscilar entre a autoridade de Marcos, que dizia que a esposa tinha problemas psiquiátricos, e a cena absolutamente inquietante que encontraram. Então, um barulho chamou a atenção. Uma equipe de reportagem apareceu no portão e já foi invadindo a garagem.

— Mas que porcaria é essa?!

146

O rosto de Marcos estava em chamas. Ele olhou para Camila, que lhe devolveu um sorriso irônico. "Aquela prostituta teve a audácia de chamar a imprensa!", pensou. O repórter, que já andava pelo corredor com o câmera a tiracolo, apontou o microfone para Marcos, que avançou furioso. No entanto, um policial interveio, colocando-se no meio.

— Acalme-se, por favor!

— Fomos chamados porque tem um resgate de uma pessoa sequestrada em andamento. Podem explicar o que está acontecendo?

— Não tem nenhum sequestro, seu idiota! Não vê que é uma questão familiar? Saia da minha propriedade!

— Tem sequestro, sim! Cárcere privado! Esse monstro mantém a própria mulher, minha mãe, presa e dopada dentro dessa casa! Ela não pode sair, porque é ameaçada de morte!

— Mentira!

— Não é mentira! Eu sou testemunha disso!

A voz de Camila fez Marcos perder o resto de paciência que tinha e avançar contra ela. Os policiais mal conseguiram segurá-lo, mas, antes que ele pudesse alcançá-la, Vinícius conseguiu acertar-lhe um soco no queixo, desequilibrando-o. Mais sirenes foram ouvidas e mais carros de polícia chegaram ao local. O corredor ficou pequeno para aquela pequena multidão. Outra equipe de reportagem apareceu. Marcos levantou-se, acuado. Seu olhar era de uma fera que acabara de ser enjaulada. Helen deu um passo para frente, ficando a poucos centímetros dele.

— Me levem para a delegacia. Quero dar queixa de tentativa de homicídio, agressão e cárcere privado. Esse homem é um monstro! E peço que a imprensa marque minhas palavras: ele vai tentar se livrar disso, porque a polícia o protege! A Ouvidoria precisa saber! Por favor, acompanhem o caso. Minha vida depende disso!

Mesmo diante das câmeras e dos policiais, Marcos avançou contra Helen como um animal selvagem. Pegou seu pescoço e apertou-o, mas os policiais conseguiram separá-los e algemar Marcos. Ele foi conduzido para a viatura, jurando que iria matar a esposa e o enteado. Olhou para Camila com ódio no olhar:

— Você também vai morrer, sua prostituta!

Camila segurava a xícara de chá, e suas mãos ainda tremiam um pouco. Já se passara uma semana desde que tudo acontecera, mas revivia a cena como se fosse um filme. Ainda via o cano da arma apontado para Vinícius e sentia o estômago embrulhar. Quando viu a mensagem dele no meio do dia, dizendo que iria colocar um ponto final naquela situação, imaginou exatamente o que Vinícius pretendia fazer e sabia que precisava ser mais esperta que Marcos para garantir sua prisão. Chamou a polícia, mas garantiu também que a imprensa estivesse lá. Inventou a história do sequestro para dar mais peso à denúncia e correu para a casa de Helen, rezando para que desse tempo.

— Já está tudo pronto.

Helen parecia muito cansada, mas tinha outro brilho no olhar. Camila sorriu, deixando a xícara na pia.

— Tem certeza de que não quer ficar por mais tempo?

— Oh, não. Já abusamos demais de sua hospitalidade e amizade. Quando penso no perigo que você correu... eu não tenho como agradecer o que fez por mim e por meu filho. Estaríamos mortos se não fosse você.

Camila abraçou-a.

— Quando chegarem, me avisem, OK?

Helen fez um sinal positivo. O caso estava estampado em todos os jornais, e vários influenciadores famosos postaram textos nas redes sociais, forçando a cúpula da polícia a não empurrar a sujeira para debaixo do tapete. No entanto, Helen tinha medo de ficar por perto. Conseguira acesso às contas bancárias e pegou todo dinheiro que tinha. Vinícius vendeu a moto, e os dois resolveram ir embora enquanto Marcos ainda estivesse preso. Não achavam que ele iria ficar muito tempo na cadeia, então, essa era a oportunidade de se esconderem em algum lugar.

Vinícius apareceu, trazendo sua mochila. Seu semblante, no entanto, estava triste. Deixar aquela casa era muito difícil, e ele estava evitando ao máximo olhar para o rosto de Camila. Ela aproximou-se e tinha os olhos marejados.

— Vou... vou sentir sua falta, garoto.

Ele não queria, mas as lágrimas caíram mesmo assim. Abraçou-a com força, sem querer deixá-la. Controlou-se o mais que podia para não beijá-la na frente de todos, mas aquele abraço durou muito mais que o normal para uma despedida. Os dois afastaram-se com os rostos inchados de tanto chorar.

— Até parece que um de vocês vai morrer.

Pedro comentou, para tentar amenizar o clima, mas Camila realmente sentia que uma parte sua estava sendo arrancada do corpo. Ninguém poderia entender o que eles estavam sentindo naquele momento.

— É uma pena que você tenha de desistir da oportunidade de ir para Dublin — Camila disse, limpando os olhos com a manga da blusa.

Vinícius ficou em silêncio por alguns segundos e dava para perceber sua hesitação. Helen deu um passo em sua direção e apertou afetuosamente o ombro do filho.

— Vinícius... pense bem nessa proposta. Seria tão bom para você, para seu futuro! Se você está pensando em ficar apenas por mim, não faça isso.

Vinícius olhou para mãe, e Camila sentiu o próprio coração rasgar-se em milhares de pedaços. Não importava o

149

que elas dissessem, ele sentia que precisava proteger a mãe. Camila lembrou-se dele com outros rostos, sempre a mesma expressão preocupada.

— Eu tenho a vida inteira para ir para a universidade, mãe. Mas agora tudo o que quero é recomeçar nossas vidas... longe dele. Só vai ser difícil dizer adeus para minha família postiça aqui.

Heloísa, Pedro e Dário abraçaram-no e não aguentaram a despedida sem chorar. O Uber chegou, e mãe e filho colocaram as malas no carro. Vinícius pediu um segundo para dar um abraço em cada um deles novamente. Camila ficou por último. Ele envolveu-a com os braços e sussurrou baixinho no seu ouvido, dizendo que não era uma despedida. Deu-lhe um beijo na bochecha, no canto da boca. Entrou no carro, antes que desistisse da ideia. Camila viu-o sumir na curva e não conseguiu conter o choro, sendo amparada pelos filhos, que nunca viram a mãe tão triste como naquele dia.

10.

A NOITE
SEM FIM

A tempestade caía pesada, e raios cruzavam o céu noturno. Depois de saírem dos esgotos, Milan viu o pequeno contingente de soldados indo em direção ao portão da cidade. Ele, no entanto, correu na direção oposta, para a torre do Orloj. Pingos grossos salpicavam o chão lamacento, e ele chegou até a pesada porta, batendo na madeira e tentando não fazer muito barulho. Depois de alguns minutos, ouviu o ranger e abriu-se uma fresta. Os olhos azuis de Krista estavam iluminados pela chama de uma vela e, quando finalmente viu que era ele, abriu a porta com força.

Milan abraçou-a, molhando suas vestes e beijando seu rosto com saudade. Dumin desceu as escadas e sentiu um misto de medo e alívio por ver que ele cumprira sua palavra.

— Venham, depressa! Tenho de tirá-los da cidade agora.

Explicou rapidamente as circunstâncias do ataque iminente, enquanto pegava uma toalha e colocava o pão e o queijo que vira na mesa, fazendo uma trouxa. Mandou que vestissem roupas quentes e que viessem com ele imediatamente.

— Para onde vamos?

— Para os esgotos, para o mesmo lugar por onde fugi. É o único jeito de escapar. Nesta noite, a cidade arderá em chamas. Precisamos sair daqui o mais rápido possível.

Os sinos das torres dobraram, alertando para o ataque. Milan tirou a espada da bainha e apressou Dumin e Krista para fora. Diversas pessoas corriam pela praça, apavoradas, enquanto ouviam os gritos dos soldados nas muralhas. A chuva aumentara ainda mais, encharcando-os e atrasando-os.

— Precisamos pegar Svetlana!

Milan teve um ímpeto de negar, mas não podia abandonar a velha curandeira, que fora a responsável por sua cura e fuga. Fizeram um pequeno desvio até o casebre dela e viram-na na janela, com o rosto aparentemente calmo. Milan entrou, chamando-a e pedindo que viesse com eles. A velha movimentou-se devagar até a lareira, pegando uma cesta na lateral e colocando a pesada capa de lã. Por fim, apenas apontou com o queixo a porta, como se já estivesse preparada para uma fuga.

Lá fora, a tempestade estava ainda pior, e o som de gritos e espadas enchia a noite tanto quanto os raios que cruzavam o céu escuro. Foram até o ponto onde estava a entrada secreta dos esgotos, e Milan forçou a pedra a se mover. Empurrou Svetlana pela fresta, então, ouviu um cavalo relinchar e o som de cascos contra a lama pegajosa.

Dumin gritou que não havia tempo, que era para Milan salvar Krista, enquanto ele atrasava os guardas e fechava a passagem. Krista tentou demovê-lo, mas ele empurrou-a para junto de Milan.

Enquanto corriam para longe, ouviu os guardas, o barulho de espadas e um grito cortou a noite. Milan segurava firmemente a mão de Krista, não permitindo que ela voltasse para trás. A chuva atrapalhava sua visão. Um cavalo negro surgiu, jogando-os no chão. O cavaleiro desceu do animal, com a espada em riste, rápido, vibrando-a em direção ao braço de Milan. Ele rolou pela grama encharcada, escapando por pouco de ter o braço decepado, mas ganhou um corte profundo, que pingava sangue. Levantou-se, colocando-se na frente de Krista.

Marek era muito mais experiente em combate do que o jovem rebelde que estava à sua frente. Viu que Krista se encolhia atrás dele e, naquele instante, entendeu tudo. Ela e o velho enganaram-no, abrigando o rebelde, e por causa deles a cidade poderia cair naquela noite. O ódio tomou conta de Marek, que avançou para cima de Milan, determinado a empalá-lo com sua espada e depois abrir a garganta da garota traidora. Nesse momento, contudo, um raio caiu em uma árvore próxima, causando um barulho enorme e deixando o cavalo louco, relinchando e atingindo Marek com a pata traseira em um coice. Era a distração de que Milan precisava. Ele pegou a mão de Krista e disparou em direção ao cemitério.

Os dois correram pelas alamedas escuras e escorregadias, usando a luz dos raios da tempestade para desviarem-se das lápides antigas. Krista escorregou, caindo nas pedras, mas Milan ergueu-a, trazendo-a para seu peito e mantendo-a de pé. Apesar de perder muito sangue pelo braço ferido, mantinha-se firme.

Naquele pequeno instante em que estavam abraçados, Milan olhou para os olhos assustados de Krista, desejando que pudesse levá-la para um lugar seguro, onde poderiam ter uma família juntos e ser felizes. Beijou sua testa com ternura, com medo de perdê-la.

O rapaz viu uma antiga cripta e forçou o pesado portão de metal. Empurrou delicadamente Krista para dentro e abrigou-se também. Era escura e úmida, com paredes de pedras e muitas goteiras, e onde a água da chuva se acumulava em poças. Lá fora o som dos trovões fazia a terra tremer. Nos cantos ficavam os túmulos cobertos de musgo e teias de aranha.

Krista aconchegou-se no braço de Milan, embora apenas sentisse a cota de malha feita de metal, fria e áspera. Ao longe, ouviam os sons da luta, de cavalos relinchando e os gritos de homens morrendo. Milan fechou os dedos com mais força em volta da mão da moça.

— Temos de sair daqui.

— É possível voltarmos para os esgotos?

Ele pensou um pouco.

— Talvez, mas precisaremos dar a volta. O capitão da guarda deve estar nos procurando.

Saíram quando os sons de vozes e cavalos estavam mais longe e esgueiraram-se entre os casebres, praticamente voltando para o ponto de partida. O Orloj erguia-se à frente. Milan tentava dar a volta na praça sem chamar a atenção, mas um grito cortou a noite, ordenando que capturassem o rebelde, e ele viu-se cercado por soldados do palácio. Algumas casas ardiam em chamas, iluminando a cidade de vermelho. Marek apeou do cavalo e cruzou o espaço entre eles, desembainhando a grande espada. Parou diante de Milan e Krista, que se encolheu de medo. Milan empurrou-a para trás, protegendo-a com o próprio corpo. Um fio de sangue corria pelo canto da boca de Marek, tingindo seus dentes de vermelho.

— Renda-se agora, rebelde, e talvez passará o resto de seus dias apodrecendo nas masmorras.

Milan deu um passo para frente.

— Vamos acabar logo com isso.

Marek avançou sobre ele com fúria, golpeando-o e forçando-o a usar o braço ferido. Milan foi pouco a pouco perdendo a força para manter a espada, até que ela escorregou de suas mãos, tilintando nas pedras escorregadias. Marek acertou-o com um golpe na perna, abrindo um imenso corte de onde começou a jorrar sangue. Krista gritou, jogando-se na frente dele, e o imenso homem sorriu. "A cadela vai morrer junto com o rebelde! Vou fazê-los em pedaços!"

Marek brandiu a espada acima da cabeça, então, sentiu uma flecha atravessar sua barriga, a dor espalhar-se pelo tórax e fazer suas pernas perderem a sustentação. Milan aproveitou e esticou-se para pegar sua espada, jogando Krista para o lado. Avançou, então, sobre o adversário, cravando a lâmina no peito dele.

Uma horda rebelde invadiu a praça central. Žižka cavalgava à frente do seu exército, que conseguiu penetrar na cidade. O comandante desceu do cavalo e andou até Milan, que estava agonizando no colo de Krista, que gritava de desespero. Ele ajoelhou-se ao lado do soldado e pegou sua mão fria.

— Pode descansar, meu bom amigo. Eu cuidarei dela.

Milan não conseguiu dizer nenhuma palavra. O sangue jorrava da artéria rompida. Seu rosto era uma máscara branca. Krista beijou-o, sussurrando no seu ouvido que estava esperando um filho seu e que ele viveria através da criança para sempre. Milan fechou os olhos e mergulhou em um túnel escuro e silencioso.

Inês olhou através da janela o mar agitado. O sol se punha no horizonte, tingindo tudo com um tom avermelhado, e no céu as primeiras estrelas salpicavam aqui e ali. Passou a mão pelo ventre avantajado e suspirou. A saudade de seu pai ainda doía, e a cidade recuperava-se do ataque pirata.

Inês ainda acordava no meio da noite aos gritos, com o rosto de Drake em seus pesadelos. Ainda não o haviam capturado, e isso a deixava ansiosa. Tiago entrou no quarto com um tecido nas mãos. O sorriso dele sempre a acalmava, e ela correu para seus braços, o único lugar onde encontrava um pouco de paz.

— O que é isso?

— É um presente.

Ela desenrolou o tecido e viu um belo bordado, com um pássaro e uma flor, formando uma imagem única. Passou os dedos delicadamente sobre as linhas coloridas.

— Que bonito. É o brasão de qual família?

— Da nossa. Eu mesmo desenhei e mandei bordar.

Ela sorriu para Tiago.

— É lindo.

Ele enlaçou-a pela cintura e beijou o canto da sua boca.

— Vamos construir nossa história juntos, e ela vai durar para sempre.

Inês apoiou a cabeça no peito de Tiago, rezando para que isso fosse verdade. Ele abaixou-se, enlaçando-a pelo quadril, e deu um beijo em sua barriga. Ela sorriu, pensando em como ele fora maravilhoso nesses últimos meses. Nunca lhe perguntou nada, estava lá quando acordava dos pesadelos e nunca questionou por um momento que aquele filho poderia não ser do seu sangue. Ao contrário, esperava-o ansioso. Ele nasceu para ser pai, para cuidar de uma família, e Inês agradeceu a imensa sorte que tinha de tê-lo ao seu lado.

Naquela noite, porém, ela foi acordada não por pesadelos, mas por uma forte contração. Tiago saiu para buscar a parteira e voltou com o rosto lívido de preocupação. Experiente, a mulher quis acalmá-lo e pediu que ele saísse, mas Tiago não quis deixar a cabeceira de Inês. Mesmo que não fosse comum um homem ficar na hora do parto, ninguém foi capaz de convencê-lo. Por fim, a menina nasceu sem grandes complicações, foi enrolada em um cobertor branco e colocada nos braços da mãe, que estava exausta. Inês olhou por muito tempo o rosto dela, incerta sobre o que pensar. Tiago, então, beijou-a na testa e pediu para segurar a filha. Ele sorriu para a criança, e uma lágrima de felicidade rolou por seu rosto.

— Vai se chamar Helena. Era o nome da minha mãe.

Ela concordou, feliz. Não importava qual o sangue que tivesse nas veias, Tiago era o pai da menina, e Inês estava orgulhosa da sua família. Ouviram ao longe os sinos da catedral dobrarem-se. Tiago olhou para o rosto da esposa preocupado e entregou-lhe a bebê. Foi até a janela e viu a agitação nas muralhas da cidade. Piratas. Pegou a espada e a pistola.

— Não! Fique aqui, por favor!

— Eu não vou sair daqui.

Tiago disse com voz calma e controlada. Inês sentiu uma onda de alívio pelo corpo e abraçou a bebê com mais força. Ele pediu que a parteira e as servas ficassem com Inês, enquanto checava as portas.

Lá fora, gritos de homens eram ouvidos, mas não de canhões. Se era um ataque, era feito por um pequeno contingente de piratas. A bebê chorou mais alto, e Inês tentou niná-la, mas estava tão tensa que mal podia respirar. Então, viu na janela uma mão enluvada segurar-se no parapeito e impulsionar o corpo para cima. Ela tentou gritar, mas sua voz ficou presa na garganta. Uma das servas saiu correndo pela porta, enquanto a parteira e a outra tentaram parar o imenso pirata que invadira o quarto. As duas foram mortas tão rápido que Inês mal conseguiu acreditar. A espada dele pingava sangue.

— Nos encontramos de novo, *milady*. Por sua causa, perdi meu navio. Temos contas a acertar.

Os gritos, então, conseguiram sair da garganta de Inês, enquanto ela abraçava a bebê junto ao peito, encolhendo-se na cama. Tiago surgiu na porta, com a espada em riste e atracou-se com Drake, acertando com o punho da espada o rosto do pirata. Inês saiu do torpor e deixou a cama em direção à porta, mas Drake conseguiu desequilibrar Tiago com um golpe forte e agarrou os cabelos dela, jogando-a no chão. Por sorte, a moça conseguiu cair de joelhos e apoiar uma das mãos no chão, sem machucar a criança, que berrava.

Tiago levantou-se e colocou-se na frente da esposa, ficando entre ela e o pirata. Um fio de sangue corria pelo canto da boca de Drake, tingindo seus dentes de vermelho.

— Vamos acabar logo com isso.

O pirata avançou novamente sobre Tiago e cravou uma adaga em seu flanco, fazendo-o cair no chão, sem ar. Drake virou-se para Inês, mas sentiu um chute forte na perna, o que o fez cair no chão. Tiago ficou sobre ele, golpeando-o no rosto, até que arrancou a adaga cravada em seu próprio corpo e atravessou o peito de Drake diversas vezes. O pirata agonizou por um tempo e depois ficou imóvel. Inês passou a filha para a serva e ajudou Tiago a se erguer. O ferimento ao lado da sua barriga jorrava sangue, tingindo suas roupas e formando uma poça no chão. Ela levou-o até a cama, onde desabou.

Tiago cuspia sangue pela boca, enquanto Inês gritava desesperada, pedindo ajuda. Ele teve um instante de lucidez e levou a mão ensanguentada até o rosto da esposa.

— Cuide de nossa filha. — Depois, fechou os olhos e mergulhou em um túnel escuro e silencioso.

Era noite quando Rainer recuperou a consciência. Havia um cheiro de pólvora no ar, crateras feitas pelas bombas e corpos de soldados no chão. Sua cabeça zunia, e ele sentia uma forte dor na lateral do crânio. Notou que havia sangue coagulado na metade do seu rosto. O tiro havia atingindo-o de raspão. A corda que atava suas mãos estava um pouco frouxa, e ele conseguiu desvencilhar-se. Sua cabeça rodava. Caminhou a esmo pela base. Parecia que todos tinham fugido. Ouvia as explosões ao longe, na cidade. Então, conseguiu organizar os pensamentos e foi até um jipe que estava abandonado. O motorista estava morto, e Rainer jogou-o no chão. Deu a partida, pisando fundo no acelerador. O som dos aviões passando pelo céu era apavorante, e tudo o que ele pensava era em Hannah, nas crianças e nos sogros que estavam em meio àquele caos.

Quando alcançou a rua da sua casa, teve de abandonar o jipe, pois as crateras impediam sua passagem. Ouvia gritos de pessoas presas nos escombros das casas que cederam às bombas, crianças vagando perdidas, com os rostos ensanguentados e cobertas de poeira. Correu o mais rápido que pôde e chegou até a casa, antes símbolo de proteção, agora apenas uma casca deteriorada. A porta estava entreaberta, e o grande buraco na sala não havia sido coberto. Chamou por Hannah a pleno pulmões, descendo até o porão. Encontrou a mulher abraçada aos filhos, encolhidos em um canto da parede, com os rostos tomados pelo medo.

— Rainer! — gritou.

Antes que pudesse chegar até ela, Rainer viu no canto os corpos dos sogros. Haviam sido atingidos por tiros na cabeça, o sangue espalhado em uma poça pegajosa. Perto deles, nas sombras, uma figura avançou para a luz fraca que vinha da porta. Klaus estava também coberto de uma fina camada de poeira e trazia consigo uma pistola. Um fio de sangue corria pelo canto de sua boca, tingindo seus dentes de vermelho.

— Achei que tivesse acabado com você. Mas, pelo jeito, é mais difícil me livrar de você do que imaginei. — E apontou a pistola na direção de Rainer, que ergueu os braços, colocando-se na frente da esposa e dos filhos, que choravam baixinho.

— Vamos acabar logo com isso.

Klaus sorriu de um jeito sádico.

— Vai acabar sim... para você, traidor, e para essas crianças imundas. Mas a vaca da sua esposa ainda pode me servir.

Ao ouvir isso, Rainer sabia que não tinha nenhuma alternativa. Avançou sobre ele, e a arma disparou. O tiro pegou em seu braço esquerdo.

Rainer atracou-se com o coronel em uma luta corpo a corpo, batendo no rosto dele com todas as forças que ainda tinha. Então, Hannah subiu até a cozinha e pegou uma faca. Gritou para Rainer e jogou a faca na direção do marido, que pegou o objeto e esfaqueou Klaus seguidamente, até que ele não se mexesse mais.

Rainer saiu de cima do corpo do coronel, cambaleando e coberto de sangue. O ferimento de seu braço pingava sangue. Dobrou os joelhos e caiu no chão, sem forças.

— Não! Temos de sair daqui! Vamos!

Hannah e as crianças tentaram erguê-lo, quando ouviram as sirenes tocarem, anunciando mais um ataque aéreo. Rainer recobrou a consciência e trouxe a esposa e os filhos para debaixo de si, protegendo-os com os braços e o tronco.

— Hannah, proteja as crianças! Fiquem embaixo de mim!

Ela encolheu-se ainda mais sob o marido, com os filhos seguros em seus braços. Nesse momento, ouviram uma forte explosão e as paredes cederam, por fim. O teto desabou sobre eles, caindo com mais força em cima de Rainer. Então, o silêncio. Hannah conseguiu se arrastar por debaixo dos escombros, tirando Heidi e depois Peter. Os dois tinham ferimentos na cabeça, nos braços e nas pernas, mas pareciam bem. Ela sentia a cabeça rodar, mas não parou de cavar os destroços até encontrar o marido. Ele tinha um corte profundo na cabeça. Ela encostou o ouvido em seu peito e ouviu o coração muito fraco.

— Rainer! Rainer!

Hannah chacoalhava-o até que perdeu a própria voz, sentindo que a pele do marido ficava mais e mais fria. Rainer ouviu a voz dela muito longe e mergulhou em um túnel escuro e silencioso.

11.

LABIRINTOS

Sinto-me sozinha. Não sei bem onde estou. O cenário à minha volta parece mudar a todo instante. Em um momento, estou em uma espécie de acampamento, com soldados ao meu redor. Em outro, é como se estivesse em uma casa antiga, perto do mar. De repente, estou em um prédio, que parece ter sido bombardeado. Tudo está destruído. Sinto-me tão sozinha... sinto um aperto no peito. Há sempre muito barulho, pessoas falando, chorando. Algo aconteceu, algo muito grave, mas não consigo entender o quê. Eles me olham com pena, sempre com uma expressão triste.

— Não há ninguém com você?

Camila ouviu a voz de Ivete, sem de fato ouvi-la de verdade. Era uma espécie de guia naqueles labirintos de memória, tentando fazê-la enxergar com mais clareza o caminho à frente.

— *Muitas pessoas estão à minha volta. No acampamento dos soldados está Svetlana... ela me traz uma espécie de chá calmante. Diz que será bom para a criança.*

Camila sentiu o coração apertar. Ela estava grávida! Por que, então, estava tão triste? Ivete pediu que ela olhasse com mais atenção o lugar e relatasse o que estava acontecendo.

— *Há um homem alto, com um tapa-olho. É o comandante. Ele se aproxima de mim e coloca a mão em meu ombro. Diz que Milan era um soldado corajoso e que vai cumprir a promessa que fez a ele de cuidar de mim. Diz que vai cuidar da criança também. Vai treiná-lo para se tornar um grande guerreiro. Oh, meu Deus, agora me lembro! Milan morreu!*

Toda a dor voltou como uma avalanche, e Camila sentiu uma grande angústia, que parecia sufocá-la. Reviu toda a cena: o sangue escorrendo pela lama e Milan morto em seus braços. Tentou emergir do transe para escapar daquela sensação tão devastadora, mas sentiu-se tragada novamente em uma espiral de lembranças. De repente, estava naquele casarão à beira-mar, com uma menina recém-nascida nos braços. Uma infinidade de pessoas vinha até ela, desejando-lhe condolências.

— *Muitos soldados da Armada fazem fila para falar comigo. Todos estão muito tristes. A bebê — Helena é o nome dela — dorme nos meus braços. Eu passo a criança para o colo de uma serva e caminho até o centro da sala. Estou usando um vestido negro. Sinto que cada passo que dou leva uma eternidade. Então, me aproximo do caixão, onde flores brancas cobrem o corpo de Tiago.*

Novamente, as memórias voltam como um turbilhão. Camila sentiu as lágrimas quentes escorrerem pelo rosto, enquanto com os olhos de Inês via o rosto de Tiago e acariciava seus cabelos encaracolados. Em breve, estaria debaixo da terra e nunca mais entre seus braços. Ela inclinou-se sobre o caixão e beijou a boca fria do marido sobre a mortalha.

— *Eu prometo que vou cuidar de nossa filha, meu amor.*

Quando endireitou o corpo, viu à sua frente um ambiente diferente. Cinza, com paredes semidestruídas. Muitas pessoas estavam machucadas, chorando, e outras tentavam organizar aquele caos.

— Heidi pegou minha mão. Ela também estava ferida, e seus cabelos loiros estavam sujos. Ela fala que Peter ainda dorme no quarto improvisado para as crianças, mas que ela estava com fome. Olho à minha volta, e há uma fila onde estão distribuindo sopa e pão. Vou até lá e trago um pouco para minha filha. Ela senta-se no chão e começa a comer. Eu, no entanto, não sinto fome. É como se estivesse anestesiada. Coloco a mão no bolso do casaco e pego a fotografia do meu casamento e o bilhete que ele me deu e que ainda não tinha lido. A caligrafia dele era bonita e suave. Dizia que estava partindo para nos proteger e que um dia voltaria para mim. Nesta vida ou em outra. Olho para a foto e saber que não iria mais vê-lo era devastador.

Camila saiu do transe com um solavanco, sentindo uma dor excruciante no peito. Sentou-se no divã, com a cabeça entre as mãos, chorando copiosamente. Ele morreu em todos os cenários que viu. Nunca conseguiram ficar juntos. Sempre se sacrificou por ela e para que seus filhos pudessem viver. Olhou para Ivete, que tentava acalmá-la. Desde que Vinícius fora embora com a mãe, sentiu-se tentada a continuar as sessões novamente, com a esperança de que, em outras vidas, eles tivessem sido felizes. Agora, estava arrependida. A dor era tamanha e a fazia sentir que queria morrer também.

— Qual é o propósito disso tudo? Por que nos encontrarmos, para depois nos separarmos de forma tão cruel?

— Temos vários resgates e muitas missões durante nossas existências terrenas. Faz parte da evolução do nosso espírito. Não sabemos de tudo, não há respostas concretas, mas vocês têm uma ligação muito forte e, sempre que voltam, escolhem passar por suas provações juntos.

— Ao menos dessa vez, ele não morreu...

Ivete nada disse e sorriu para Camila, que tinha os olhos vermelhos de tanto chorar. Deu-lhe um lenço de papel para enxugar o rosto e perguntou se precisava de mais um tempo para se recompor. Camila agradeceu, mas achou melhor ir embora. Todas aquelas lembranças estavam confusas em sua mente. Via a morte dele se repetindo outra e outra vez, e era-lhe tão devastador que o ar parecia ser retirado de seus pulmões. Pensou em Vinícius e percebeu que, se era para ele morrer estando ao seu lado, então, preferia que o rapaz vivesse uma vida inteira longe dela. Afinal, que carma era esse que precisavam passar? Que tipo de divindade exigia um resgate tão alto como a morte em todas as vezes que se encontravam?

Camila entrou no carro e ficou um tempo olhando para o nada, sentindo-se vazia. Deu a partida no veículo e dirigiu sem prestar atenção no caminho. Chegou em casa, que estava totalmente em silêncio. Seu pai estava com a namorada, e os gêmeos tinham ido para a casa de Danilo. Antes, esperava aqueles momentos ansiosamente para estar com Vinícius, mas agora sentia a solidão engoli-la. Foi até a cozinha buscar um copo d'água.

— Bem-vinda ao lar.

O som daquela voz congelou seu coração. Marcos estava visivelmente mais magro, mas, ainda assim, era uma figura extremamente ameaçadora. Camila fez menção de correr, mas ele apontou a arma em direção a ela.

— Desde que eu a vi pela primeira vez, tive a sensação de que seria uma pedra no meu sapato.

Ele deu um passo para frente, e Camila encolheu-se contra a parede. Ele aproximou-se, passando o cano da arma pelo rosto e pelo corpo dela.

— Você sabe onde eles estão e vai me contar!

Camila encarou aqueles olhos cinzas pálidos e, imediatamente, veio à mente a lembrança de Marek, Klaus e Drake. Recordar o que o pirata lhe fizera séculos antes fez seu estômago revirar.

— Eu não sei onde estão.

Ele fechou a mão em volta do pescoço de Camila, apertando-o. Ergueu-a um pouco do chão, fazendo-a ficar na ponta dos pés. Aproximou a boca até bem perto do rosto de Camila.

— Você sabe sim e vai me contar! Ou vai morrer por aquele moleque?

— Você é um doente!

Ele riu, apertando um pouco mais o pescoço de Camila.

— Pegue a chave do carro. Você vai dirigir.

Camila pensou diversas vezes se deveria ir, de fato, para onde estavam Vinícius e Helen. Marcos, no entanto, avisou que, se ela o enganasse, iria matá-la e depois iria atrás dos seus filhos. Sua esperança era de que a polícia parasse o carro, assim poderia avisar que havia um fugitivo ali.

Marcos sentou-se no banco do carona, com a arma na mão. Quando passaram por uma base da Polícia Rodoviária, Camila não pôde deixar de pensar em jogar o carro em direção ao acostamento. Ele percebeu seu olhar e engatilhou a arma.

— No que está pensando, boneca? *Tá* pensando em jogar o carro pra cima da base? Você morrerá antes mesmo de virar o volante, escutou? E nem adianta pensar que tem alguém atrás de mim. Não sou fugitivo; saí com um *habeas corpus*.

Ele colocou a mão pesada na nuca de Camila e massageou sua pele. Ela sentiu asco, e uma lágrima correu por seu rosto, por puro nervosismo. Rodaram em silêncio mais de uma hora, até que Marcos começou a falar, como se fossem velhos amigos na estrada, viajando de férias.

— Eu queria entender por que você se meteu nessa história. — Ele riu, aquela risada estranha, metálica. — Por que achou que deveria proteger aquele cretino? O que ganhou com isso, hein?

Camila permaneceu em silêncio.

— Minha esposa... é uma mulher fraca, sentimental. Ela não soube criar aquele moleque com disciplina, não mesmo. E, quando eu quis colocar limites, ela achou que eu estava errado! Veja só! Queria me dizer como se deve criar um homem. Mas eu não iria deixar aquele merdinha levantar a voz pra mim nem se meter no meu casamento. Eu corrigia! Estava errado?

Ele fez a pergunta, sem de fato esperar pela resposta.

— Ele sempre foi petulante, aquele moleque. Sempre me enfrentando. Se metendo quando eu corrigia minha mulher. Ninguém me desafia, boneca. Ninguém.

Marcos colocou a mão na coxa de Camila, que se encolheu de medo. Ele parecia divertir-se em provocar esse tipo de reação. Pressionou os dedos, e ela gemeu de dor. Aquilo pareceu excitá-lo, e Marcos resolveu deslizar a mão para a virilha de Camila, que tentou desvencilhar dele, o que fez o carro dançar na pista.

— Ooooopa, boneca! Olhe por onde anda!

Ele ria, claramente deliciado com aquilo. Camila olhou para o relógio. Faltavam ainda duas horas para chegarem. Mais duas horas ao lado daquele monstro. E depois? O que ele faria quando finalmente encontrasse Vinícius?

— Por que você não os deixa em paz? Por que não segue sua vida?

Marcos encostou a arma na costela dela e falou bem perto da sua orelha.

— Seguir pra onde? Acha que tenho para onde ir? Eles acabaram com minha vida. Você acabou com minha vida. — E pressionou o cano da arma contra o corpo de Camila, que gemeu de dor, enquanto tentava controlar o carro. Marcos parou de rir e ficou sério. Pegou o cabelo dela e puxou-o com raiva para trás. O carro ziguezagueou na estrada, mas ele não pareceu se importar. — Você vai estragar sua vida por causa de um moleque qualquer! Valeu a pena?

Soltou-lhe o cabelo, e ela pôde controlar o volante. Marcos pegou o celular de Camila e mandou que ligasse para Vinícius.

— Coloque no viva-voz. Quero escutar tudo o que falarem.

Imediatamente, Camila ficou tensa e rezou em silêncio para que Vinícius não falasse nada que desse a entender que havia algo entre eles. Depois de dois toques, ele atendeu. A voz aveludada, jovial.

— Oi! Que surpresa boa!

Ela controlou-se o máximo que pôde para sua voz soar normal.

— Oi. Você está em casa?

Camila sentiu um instante de hesitação dele.

— Sim. O que foi? *Tá* tudo bem? Aconteceu alguma coisa?

Marcos olhou-a sério, fazendo que não com a cabeça.

— *Tá* sim. Eu... eu só liguei pra saber como vocês estão. Se continuam no mesmo lugar.

— Sim... eu não iria sumir sem te avisar, né?

Ele riu, e os olhos de Camila encheram-se de lágrimas.

— Então, *tá*... era só isso mesmo. Até mais.

— Camila, o que houve? Sua voz está estranha. O que aconteceu, meu amor?

Nessa hora, ela viu a expressão do rosto de Marcos mudar completamente. Ele desligou o celular e ficou um tempo encarando-a.

— "Meu amor"?

As mãos de Camila tremiam no volante, a voz presa na garganta. Ele sorriu, olhando para o rosto consternado dela.

— "Meu amor..." Quem diria? Aquele moleque é muito mais esperto do que eu imaginava. Não apenas estava vivendo lá, comendo e bebendo de graça, como estava saindo com a dona da casa! Agora, entendi tudo... Vai ser muito bom chegar lá com a namoradinha dele debaixo do meu braço.

Seguiram o restante do caminho em um silêncio sepulcral. Vez ou outra, Marcos lançava-lhe olhares estranhos, e Camila teve a sensação de que ele iria atirar em sua cabeça a qualquer minuto. Pensou em Pedro e Heloísa e rezou para ver os filhos outra vez. Mas não conseguia se permitir pensar no que aquele homem faria a Vinícius quando finalmente chegassem.

Era quase noite quando chegaram à pousada. Lembrou-se nitidamente quando ligou para Daniel e pediu que separasse um quarto para Vinícius e Helen ficarem por um tempo. O ex-cunhado foi tão solícito em ajudar... Se pudesse adivinhar que isso representaria perigo para eles, jamais teria pedido o favor. Cookie apareceu, abanando o rabo. Quando Marcos desceu do carro, no entanto, o cão, que sempre foi tão amistoso, rosnou.

— Que é isso, garoto?

Daniel foi até a porta, curioso, pois nunca vira Cookie rosnar para ninguém. Sorriu ao ver Camila, mas notou que havia algo muito errado com o homem que a acompanhava. Quando conseguiu ver a arma, tentou entrar, mas Marcos advertiu:

— Se gritar, eu atiro nela. Vamos entrar com calma.

Foram até os fundos da pousada. Não havia muitos hóspedes naquele fim de semana e a maioria estava fora, passeando pela cidade. Marcos mandou que Daniel chamasse Vinícius e Helen. Ele ligou para o quarto deles e falou rapidamente. Depois de alguns minutos, ouviram os passos no corredor. Vinícius estava à frente de Helen e parou na porta assim que viu Marcos. Então, viu que Camila estava com ele, com uma arma grudada na lateral do corpo.

— O que...

— Cale a boca, seu moleque. Quem vai falar sou eu. E adivinha só? Se você não ficar quietinho, eu acabo com sua namoradinha.

Vinícius olhou para Camila, que pedia com os olhos para que ele não fizesse nada. Marcos mandou que saíssem e fossem até a casa dos fundos, onde viviam Daniel e Sara. Ela estava na cozinha e também acabou sob a mira do revólver. Lá não teriam interrupção de hóspedes.

Marcos trancou a porta e observou a janela. Tudo em paz. Olhou para Helen e sorriu.

— Olá, minha querida esposa. Saudades?

Vinícius deu um passo para frente, e Marcos virou o revólver em sua direção.

— Quer morrer primeiro, garoto? Posso fazer isso por você. Mas aí você não vai ter o prazer de me ver brincar com sua namorada.

Vinícius puxou Camila para trás dele.

— Se tocar nela, eu mato você.

Marcos riu.

— E como você pretende fazer isso, hein? Não estou vendo nenhuma arma aí no seu bolso. — Ele deu um passo para frente, e Vinícius não se moveu. — Vou terminar o que tinha começado naquele dia. Se eu soubesse que ela era seu lanchinho antes, tinha acabado com essa vadia naquele dia mesmo.

— Vamos acabar logo com isso.

Camila sentiu uma vertigem ao ouvir isso. Tantas vezes ouvira aquela frase, tantas vezes vira aquela cena e sabia bem como todas elas terminaram.

— Deixe eles em paz! Me leve para onde quiser, me mate, mas deixe-os fora disso... — Helen implorou, mas, aparentemente, Marcos não tinha como alvo principal a ex-esposa. Ele a queria morta, mas seu ódio era direcionado principalmente a Vinícius, como se, no fundo, ele soubesse que o rapaz fora seu adversário em tantas vidas diferentes.

Ficaram encarando-se por um tempo, o ódio pulsando dos dois lados. Então, Marcos afastou-se um pouco, para depois virar um soco com toda a força no rosto de Vinícius, que caiu praticamente no colo de Camila, que o segurou como pôde. Na hora, ouviram o som do dente trincando. Vinícius cuspiu sangue.

— Pare! Pelo amor de Deus, chega!

Helen tentou ajoelhar-se ao lado de Vinícius, mas levou um soco no estômago e caiu no chão. Daniel e Sara ampararam-na.

— Isso mesmo, chega! Acabou a palhaçada!

Marcos avançou na direção de Vinícius para chutá-lo, mas o rapaz rolou no chão e conseguiu pegar um enfeite de metal na mesa de canto e acertar a cabeça de Marcos com toda a força. Ele ficou zonzo, o que foi suficiente para Vinícius empurrá-lo no chão e chutar sua mão, fazendo o revólver deslizar pela sala.

— Saiam daqui! Depressa!

Daniel destrancou a porta da sala e arrastou Helen para fora junto com Sara. Marcos já estava de pé e foi para cima de Vinícius, que desviou novamente e jogou o enfeite em direção ao padrasto. Marcos conseguiu alcançá-lo, pegando-o pela camisa, e jogou-o no chão, desferindo-lhe, com fúria, socos no rosto. Então, ouviram o clique da trava da arma.

— Saia de cima dele, agora!

Marcos viu Camila com a arma nas mãos, que tremiam. Ele sorriu, enquanto um fio de sangue corria pelo canto de sua boca, tingindo seus dentes de vermelho. Ele levantou-se devagar, com as mãos manchadas de sangue para cima. Olhava fixamente para Camila, enquanto andava na direção dela.

— Você não vai atirar. Não tem coragem para isso.

Antes que Camila pudesse reagir, Marcos tirou a arma dela, em um movimento rápido. Um tiro foi disparado e acertou a parede. Vinícius foi até eles, e Marcos virou na direção dele, engatilhando a arma.

— Não!

Camila reviveu todas as vezes em que Vinícius morreu e nada pôde fazer. Ela correu em direção a eles, e Marcos distraiu-se um segundo, tempo suficiente para Vinícius se jogar contra ele e segurar a mão em que o padrasto mantinha a arma para cima. Mais um tiro foi disparado, e Marcos forçou a arma para baixo, que ficou entre eles. Ouviram dois disparos, então, Vinícius caiu de joelhos, com as mãos sobre a barriga.

— Não!

Camila ajoelhou-se ao lado dele. Olhou para o lado, e Marcos cambaleava. Um dos disparos também o acertara bem no meio do peito. Ele deixou a arma cair no chão e agonizou, com o sangue espumando pela boca. Camila voltou-se para Vinícius, que estava deitado no chão. Ele ainda tinha as mãos sobre a ferida, e muito sangue vazava por entre seus dedos. Ouviu as sirenes da polícia, e vozes alteradas correndo na direção da casa. Passou a mão pelos cabelos de Vinícius e beijou seu rosto.

— A ajuda já está chegando. Aguente firme, por favor.

Ele sorriu, a cor do rosto ficando cada vez mais pálida.

— Não, não, não... você precisa aguentar!

Vinícius segurou a mão dela e olhou-a nos olhos, tentando permanecer o maior tempo possível consciente.

— Eu tenho mesmo muita sorte de ter tido você.

— Não! Não desista!

Camila chacoalhou-o, desesperada. Não podia perdê-lo mais uma vez. Os paramédicos entraram, e ela viu toda a cena como se estivesse em câmera lenta. Viu tentarem estancar o sangue e fazerem respiração boca a boca em Vinícius. Colocaram-no na maca e correram para a ambulância. Camila insistiu para ir junto, entrando junto com Helen no veículo.

No hospital, levaram-no diretamente para a sala de cirurgia. Camila foi até o banheiro para tentar limpar o sangue das mãos. Sua blusa estava ensopada. Viu que suas mãos tremiam debaixo da água e que suas pernas também estavam trêmulas. Não conseguia ficar em pé e escorregou até sentar no chão. Helen apareceu e agachou-se junto a ela, abraçando-a.

— Ele é um lutador. Vai conseguir.

— A culpa é minha. Eu trouxe Marcos aqui.

Helen colocou as duas mãos nas laterais do rosto de Camila, forçando-a a olhar para ela.

— Não se culpe! Ninguém tem culpa disso. Ele era um monstro, um psicopata. Ele está morto e nunca mais vai machucar ninguém. Agora precisamos nos concentrar em Vinícius. Ele precisa de você.

Camila abraçou-a, chorando.

— Ele não pode morrer... não pode...

— Não vai! Ele vai se recuperar. Tenho certeza disso.

Camila teve vontade de gritar que o destino era sempre cruel, mas como explicar? Conseguiu acalmar-se um pouco, e Helen a ajudou a se levantar.

— Helen, você precisa saber que eu e o Vinícius...

Ela sorriu e limpou uma lágrima que escorria pelo rosto.

— Eu sei, ele me contou. Está verdadeiramente apaixonado e sofrendo muito por ter de sair do seu lado. — Helen enlaçou Camila pelos ombros. — Vocês dois fizeram esse imenso sacrifício só para me manter segura. Mas eu sei que isso não será em vão. Logo ele voltará para nós duas.

Camila não soube o que dizer. Caminharam para a sala de espera. Depois de algum tempo, Daniel apareceu, trazendo roupas de Sara para Camila e dizendo que avisara Dário e os sobrinhos sobre o que tinha acontecido. Estavam a caminho, mas ainda demorariam a chegar.

O médico entrou na sala de espera, e Helen começou a cobri-lo de perguntas, enquanto Camila ficava em silêncio. Tinha medo das notícias que ele trazia e simplesmente não conseguia fazer a voz sair da garganta.

— O quadro é gravíssimo. Ele passou por uma cirurgia bem delicada e perdeu muito sangue. Foi preciso fazer uma transfusão. Está na UTI. Estamos monitorando.

— Ele vai sobreviver?

Camila finalmente conseguiu falar. O médico não alterou a expressão do rosto impassível.

— Ainda é cedo para afirmar qualquer coisa. Estamos fazendo o melhor.

Pela primeira vez, viu a dúvida surgir no rosto de Helen, que até então estava tão confiante. Uma olhou para o rosto da outra, e era quase palpável o medo que sentiam naquele momento. Depois que o médico saiu, sentaram-se lado a lado, em silêncio, por um longo tempo.

— Você acredita em vidas passadas, Helen?

Ela saiu do torpor em que estava e ficou um tempo pensando. Depois, fez um gesto positivo com a cabeça. Camila pegou a mão dela, estava gelada.

— Um dos princípios da reencarnação é a elevação do espírito por meio das experiências terrenas. Para cada uma dessas existências, sempre há o livre-arbítrio, ou seja, podemos escolher o melhor caminho a seguir. Muita gente retorna à Terra para cumprir uma missão ou um resgate. Pode parecer um castigo, mas o objetivo seria despertar a consciência sobre nossos atos e o quanto estes prejudicam o próximo.

— Mas o que o Vinícius pode ter feito para passar por uma provação dessas?

— Não ele. Talvez o resgate seja do Marcos. Uma dívida antiga que nunca é paga. Aquele espírito ainda não entendeu o propósito de tudo isso, mas e se finalmente conseguirmos quebrar esse ciclo? E se o perdão for a chave para nós sermos livres?

— Nós?

— Sim, nós. Estamos todos ligados e todos sofremos com isso, sempre passando pela mesma coisa, de novo e de novo. Será que, ao darmos o perdão para esse espírito tão perturbado, enfim, teremos a oportunidade de cumprir nossa missão em paz?

Helen tentou entender o que Camila queria dizer, mas sentiu-se perdida. Camila, no entanto, não esperava que ninguém a compreendesse. Pediu licença para ficar sozinha por um momento e andou pelo corredor comprido, até chegar à pequena capela do hospital. Era um espaço simples e muito austero. Sentou-se em um dos bancos e fechou os olhos, pedindo luz e discernimento para aceitar o que quer que acontecesse. Tudo o que queria era que Vinícius vivesse para ter uma vida plena. Em todas as vidas que dividiram, ela continuou sua jornada, criou seus filhos, mas e ele? Ele nunca teve essa oportunidade. Olhou para o crucifixo que estava sobre o pequeno altar e juntou as mãos em oração, pedindo que aquele ciclo fosse quebrado e que finalmente Vinícius pudesse continuar sua existência em paz.

12.

(RE)COMEÇOS

O dia estava ensolarado, com o céu azul e repleto de nuvens. À sua frente, um gramado verde e bem-cuidado, árvores frondosas que lançavam sombra aqui e ali. Não havia mausoléus, mas apenas lápides simples de pedra sobre a grama. Helen estava com o braço dado com Camila, caminhando por entre as alamedas. Pararam ante uma lápide nova, ainda sem nenhuma identificação. Ficaram um tempo olhando para aquela pedra fria, ouvindo o barulho dos pássaros. Havia um cheiro de flores no ar, mas, acima de tudo, uma profunda sensação de pesar reinava no cemitério.

— Nunca gostei de ir a cemitérios. Sempre me sinto mal.

Camila sorriu, pois partilhava do mesmo sentimento. Mesmo o túmulo da mãe ela não costumava visitar. Helen suspirou e olhou para cima, para aquele céu de verão.

— Você disse, naquele dia no hospital, que o perdão poderia quebrar esse ciclo. Acha mesmo isso?

Camila ainda observava a lápide.

— Acho que sim. Podemos não entender todos os desígnios, mas acredito que o perdão possa mudar nossa trajetória. É uma escolha, é nosso livre-arbítrio. Se der tempo de perdoar, né? Nem sempre o tempo está a nosso favor. Então, teremos que voltar novamente ou várias vezes, até conseguirmos, por fim, compreender nosso propósito.

Helen sorriu, mas uma lágrima correu por seu rosto.

— Acho que não sou uma pessoa tão evoluída ainda.

Camila abraçou-a longamente, e as duas ficaram um tempo assim, abraçadas, apenas ouvindo o silêncio do lugar. Depois, Helen agachou-se ante a lápide e limpou as folhas secas que estavam sobre ela.

— Espero que encontre a paz, quando tiver a oportunidade. Eu ainda tenho um longo caminho para perdoar, mas saiba que hoje eu dei meu primeiro passo... Que esse seja um recomeço. Adeus. Nunca mais virei aqui.

As duas se afastaram do túmulo de Marcos, que jazia sob a terra quieta.

Foram três meses de recuperação no hospital, até que Vinícius pudesse finalmente ir para casa. Helen vendera o sobrado, comprara um apartamento e esperava ansiosa pelo dia em que o filho estivesse com ela novamente. Ele chegou em uma tarde de sábado, ainda caminhando com dificuldade, depois de tanto tempo em uma cama de hospital.

— Já avisou a Camila que chegamos?

Helen riu, enquanto ajeitava os travesseiros para ele.

— Sim! Ela disse que já está vindo para cá.

Vinícius fez uma careta de dor, ao se deitar na cama. Estava aliviado por estar em casa, mas ansioso ao mesmo tempo. Desde que acordou da sedação e durante toda sua recuperação, sempre questionou Camila sobre o futuro dos dois. Ela sempre foi reticente e nunca respondeu diretamente o que pretendia fazer. Àquela altura, todos já sabiam que ambos estavam apaixonados. A reação de Dário e Heloísa foi da surpresa à aceitação, sem tantos questionamentos. Mas Pedro demorou bem mais para aceitar a situação. Um dia, no entanto, ele apareceu no hospital e perguntou se Vinícius realmente amava a mãe dele e se aquilo era muito sério.

— Muito sério. Eu a amo desde a primeira vez em que a vi. Sinto muito nunca lhe ter contado isso, mas não sabia o que dizer.

Pedro sentou-se na ponta da cama e olhou para a janela.

— É muito estranho te imaginar com ela. Ela é minha mãe e você é meu melhor amigo.

— Eu sei, mas não vou abrir mão dela... por você nem por ninguém. Só que a sua reação vai fazê-la sofrer muito. E eu não sei o que ela vai decidir, caso você se oponha.

Pedro andou um pouco pelo quarto, pensativo.

— Você não vai desistir mesmo dela, não é?

— Não — respondeu com firmeza.

— É a resposta que eu esperava de um cara que se diz apaixonado por ela. — Pedro sorriu. — Não vou atrapalhar vocês. Quero que minha mãe seja feliz e se isso significa ficar com você... bem, eu não vou ser um empecilho.

Ligou para Camila assim que Pedro saiu do quarto, mas, mesmo diante disso, ela pareceu indecisa. Talvez estivesse com medo por sua saúde, mas agora estava em casa, totalmente fora de perigo.

O interfone tocou, e, depois de alguns minutos, Vinícius ouviu a voz dela no apartamento. Sentiu o coração acelerar.

— Como está nosso doente? Espero que descansando e não andando pela casa.

Ele sorriu, sentindo a tensão diminuir. Camila parecia muito tranquila. Trazia uma caixa de chocolates de presente e aproximou-se dele, passando a mão em seus cabelos, carinhosamente. Ficaram se olhando um tempo, até que ela se abaixou e beijou seus lábios de leve.

— Bem-vindo.

Ele alargou ainda mais o sorriso, segurou-a pelo braço e dando-lhe um beijo mais demorado.

— Agora sim.

Helen deixou o quarto com um sorriso e fechou a porta para deixá-los mais à vontade. Camila sentou-se na lateral da cama. Tinham as mãos dadas. Ela fez carinho no braço de Vinícius, cheio de pequenos hematomas dos acessos venosos que teve de utilizar no hospital. A princípio, falaram apenas sobre amenidades. Os dois tentavam desviar-se de assuntos mais sérios e prolongar aquele momento.

Camila ficou em silêncio um tempo, segurando a mão dele. Ainda era difícil acreditar que ele tinha sobrevivido, contrariando até as expectativas médicas. Um verdadeiro milagre, disseram. Depois de uma semana da cirurgia, Vinícius teve uma sepse, uma parada cardíaca e foi intubado. Foram dias em que nada podiam fazer a não ser rezar e esperar. Então, ele simplesmente melhorou e recuperou-se mais e mais a cada dia. Renasceu, disseram, e de fato foi isso mesmo. Vinícius ganhou a oportunidade que nunca tivera antes de viver uma vida plena. Ela suspirou, segurando a mão do rapaz.

— Quando você estiver totalmente recuperado, você irá para Dublin. A bolsa de estudos o espera.

Ele ficou surpreso. Esquecera-se totalmente daquele assunto. Sacudiu a cabeça negativamente.

— Não, eu não posso ir embora do país agora que finalmente podemos ficar juntos.

Camila sorriu. Ele era tão bonito.

— Vai sim. É uma oportunidade muito grande e uma experiência que você deve viver. Enquanto estava internado lá no hospital, eu prometi que você iria viver tudo o que nunca pôde. Você irá para Dublin, e isso lhe abrirá muitas oportunidades incríveis.

— Mas e nós?

Ela sentou-se ao lado dele, enlaçando-o pelos ombros. Parecia um menino que ganhara um presente, mas que fora proibido de abrir o embrulho.

— Eu vou estar aqui. Esperando.

Ele ficou em silêncio um tempo. Não queria ficar longe dela, mas reconhecia que era uma excelente oportunidade e que talvez nunca mais conseguisse algo assim.

— Você promete que vai me esperar?

Camila bagunçou seus cabelos e beijou sua bochecha.

— Eu já esperei por tanto tempo, o que são quatro anos? E sempre teremos as férias para compensar.

O aeroporto estava agitado, com gente apressada cruzando os corredores, o barulho dos alto-falantes, carrinhos e malas, guichês lotados. Vinícius despediu-se da mãe em casa e pediu para apenas Camila levá-lo até o aeroporto. Não queria ninguém mais naquele momento e, secretamente, ainda achava que iria desistir na hora de embarcar. Fez o *check-in* e despachou as malas, e depois foram até a entrada do embarque internacional. A partir dali, apenas ele poderia passar.

— É isso. Temos que nos despedir aqui.

Ele olhou para os policiais fazendo a revista das bolsas e os detectores de metal. Hesitou. Camila abraçou-o, segurando seu rosto entre as mãos.

— Nem pense nisso, mocinho. Você precisa ir. Isso é importante, entendeu?

Vinícius suspirou e apertou-a contra o peito.

— Vou sentir sua falta.

Ela sorriu.

— Eu sempre senti sua falta. Mas sei que você vai voltar pra mim. Nesta e em outras tantas vidas que ainda estão por vir. Este não é um adeus.

Vinícius sorriu. O sorriso que tanto conhecia e amava, doce e atemporal. Trocaram um beijo longo, que pareceu parar o tempo à volta deles.

— Até — ele disse, dando passos para trás, mas ainda segurando a mão de Camila pelo máximo de tempo possível. Depois, virou-se, caminhando entre a multidão do aeroporto até desaparecer.

Camila, enfim, sentiu as lágrimas inundarem seus olhos e deixou que elas corressem por seu rosto.

— Até logo, meu amor.

FIM

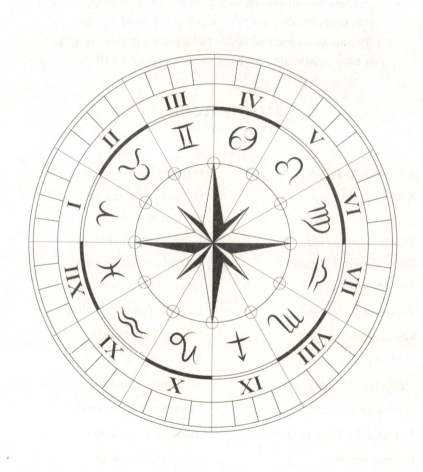

GRANDES SUCESSOS DE
ZIBIA GASPARETTO

Com 20 milhões de títulos vendidos, a autora
tem contribuído para o fortalecimento da literatura
espiritualista no mercado editorial e para a popularização
da espiritualidade. Conheça os sucessos da escritora.

Romances
pelo espírito Lucius

A força da vida

A verdade de cada um

A vida sabe o que faz

Ela confiou na vida

Entre o amor e a guerra

Esmeralda

Espinhos do tempo

Laços eternos

Nada é por acaso

Ninguém é de ninguém

O advogado de Deus

O amanhã a Deus pertence

O amor venceu

O encontro inesperado

O fio do destino

O poder da escolha

O matuto

O morro das ilusões

Onde está Teresa?

Pelas portas do coração

Quando a vida escolhe

Quando chega a hora

Quando é preciso voltar

Se abrindo pra vida

Sem medo de viver

Só o amor consegue

Somos todos inocentes

Tudo tem seu preço

Tudo valeu a pena

Um amor de verdade

Vencendo o passado

Crônicas

A hora é agora!

Bate-papo com o Além

Contos do dia a dia

Conversando Contigo!

Pare de sofrer

Pedaços do cotidiano

O mundo em que eu vivo

Voltas que a vida dá

Você sempre ganha!

Coletânea

Eu comigo!

Recados de Zibia Gasparetto

Reflexões diárias

Desenvolvimento pessoal

Em busca de respostas

Grandes frases

O poder da vida

Vá em frente!

Fatos e estudos

Eles continuam entre nós vol. 1

Eles continuam entre nós vol. 2

Sucessos
Editora Vida & Consciência

Agnaldo Cardoso

Lágrimas do sertão

Amadeu Ribeiro

A herança

A visita da verdade

Depois do fim

Juntos na eternidade

Laços de amor

Mãe além da vida

O amor não tem limites

O amor nunca diz adeus

O preço da conquista

Reencontros

Segredos que a vida oculta vol.1

A beleza e seus mistérios vol.2

Amores escondidos vol. 3

Seguindo em frente vol. 4

Doce ilusão vol. 5

Bastidores de um crime vol. 6

Amarilis de Oliveira

Além da razão (pelo espírito Maria Amélia)

Do outro lado da porta (pelo espírito Elizabeth)

Nem tudo que reluz é ouro (pelo espírito Carlos Augusto dos Anjos)

Nunca é pra sempre (pelo espírito Carlos Alberto Guerreiro)

Ana Cristina Vargas
pelos espíritos Layla e José Antônio

A morte é uma farsa

Almas de aço

As aparências enganam

Código vermelho

Em busca de uma nova vida

Em tempos de liberdade

Encontrando a paz

Escravo da ilusão

Ídolos de barro

Intensa como o mar

Loucuras da alma

O bispo

O quarto crescente

Sinfonia da alma

Carlos Torres

A mão amiga
Passageiros da eternidade
Querido Joseph (pelos espírito Jon)
Uma razão para viver

Cristina Cimminiello

A voz do coração (pelo espírito Lauro)
Além da espera (pelo espírito Lauro)
As joias de Rovena (pelo espírito Amira)
O segredo do anjo de pedra (pelo espírito Amadeu)
A lenda dos ipês (pelo espírito Amira)

Eduardo França

A escolha
A força do perdão
Do fundo do coração
Enfim, a felicidade
Um canto de liberdade
Vestindo a verdade
Vidas entrelaçadas

Floriano Serra

A grande mudança
A outra face
Amar é para sempre
A menina do lago
Almas gêmeas
Marcado pelo passado
Ninguém tira o que é seu
Nunca é tarde
O mistério do reencontro
Quando menos se espera...

Gilvanize Balbino

De volta pra vida (pelo espírito Saul)
Horizonte das cotovias (pelo espírito Ferdinando)
O homem que viveu demais (pelo espírito Pedro)
O símbolo da vida (pelos espíritos Ferdinando e Bernard)
Salmos de redenção (pelo espírito Ferdinando)

Jeaney Calabria

Uma nova chance (pelo espírito Benedito)

Juliano Fagundes

Nos bastidores da alma (pelo espírito Célia)
O símbolo da felicidade (pelo espírito Aires)

Lucimara Gallicia
pelo espírito Moacyr

Ao encontro do destino

Márcio Fiorillo
pelo espírito Madalena

Lições do coração
Nas esquinas da vida

Maurício de Castro

A outra (pelos espíritos Hermes e Saulo)
Caminhos cruzados (pelo espírito Hermes)
O jogo da vida (pelo espírito Saulo)
Sangue do meu sangue (pelo espírito Hermes)

Meire Campezzi Marques
pelo espírito Thomas

A felicidade é uma escolha
Cada um é o que é
Na vida ninguém perde
Os desafios de uma suicida (pelo espírito Ellen)
Uma promessa além da vida

Rose Elizabeth Mello

Como esquecer
Desafiando o destino
Livres para recomeçar
Os amores de uma vida
Verdadeiros Laços

Sâmada Hesse
pelo espírito Margot

Revelando o passado
Katie: a revelação

Sérgio Chimatti
pelo espírito Anele

Os protegidos
Um amor de quatro patas

Thiago Trindade
pelo espírito Joaquim

As portas do tempo
Com os olhos da alma
Maria do Rosário
Samsara: a saga de Mahara

Conheça mais sobre espiritualidade com outros sucessos.

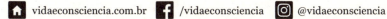
vidaeconsciencia.com.br   /vidaeconsciencia   @vidaeconsciencia

CO
CALU

LEÇÃO NGA

Nosso amigo Calunga presenteia-nos com uma cativante coleção de livros e mostra, por meio de sua maneira carinhosa, sábia e simples de abordar a vida, verdades profundas, que tocam nosso espírito, possibilitando uma transformação positiva de nossas realidades.

Saiba mais
www.gasparettoplay.com.br

Livros que ensinam você a viver com os recursos de sua fonte interior

Afirme e faça acontecer | Atitude | Conserto para uma alma só | Cure sua mente agora! | Faça dar certo | Gasparetto responde!

O corpo – Seu bicho inteligente | Para viver sem sofrer | Prosperidade profissional | Revelação da luz e das sombras | Se ligue em você | Segredos da prosperidade

Coleção Amplitude

Você está onde se põe | Você é seu carro | A vida lhe trata como você se trata | A coragem de se ver

A vida oferece possibilidades infinitas. Explorar-se é ampliar-se. Uma coleção de livros que ensina o leitor a conquistar o seu espaço e a viver além de seus limites.

Coleção Metafísica da Saúde

Sistemas respiratório e digestivo | Sistemas circulatório, urinário e reprodutor | Sistemas endócrino e muscular | Sistema nervoso | Sistemas ósseo e articular

Luiz Gasparetto e Valcapelli explicam, de forma direta e clara, como funciona o corpo humano e mostram que as dificuldades e o desencadeamento de doenças são sinais de que a pessoa não está fazendo uso adequado de seus poderes naturais.

Livros infantis

A vaidade da Lolita | Se ligue em você | Se ligue em você 2 | Se ligue em você 3

O universo infantil apresentado de forma simples e atraente para a criançada. Nos livros do Tio Gaspa, os pequenos aprendem a lidar com várias situações e diversos sentimentos, como alegria, medo, frustração e orgulho, e entendem a importância da autoestima e da autoaceitação na vida.

vidaeconsciencia.com.br   /vidaeconsciencia   @vidaeconsciencia

Rua das Oiticicas, 75 – SP
55 11 2613-4777

contato@vidaeconsciencia.com.br
www.vidaeconsciencia.com.br